心霊現象リーディング

徹底解明　見えざる世界からのコンタクト

RYUHO OKAWA
大川隆法

本リーディングは、2017年7月4日、幸福の科学総合本部にて、
公開収録された（写真上・下）。

まえがき

私たちの住んでいる世界は、目や耳、鼻、舌、指先で触れるものが全《すべ》てではない。

いわゆる第三の眼が開けば、普通の人間には視《み》えるはずのないものがみえてくる。

本書で示されている心霊現象は、いわば、見えざる世界からのコンタクト集である。

私のように、ふだんは、理性的、合理的、知性的な人間が、天与《てんよ》の神秘能力を使えば、何が感じられ、何が視えてくるか。本書ではかなり具体的に描写した。

自分でも面白いと思うことは、霊査《れいさ》（リーディング）に入《はい》ると、人間タイム・マシンのように時間の壁を超えてしまうこと、場所も地球上のどこにでも移動できるし、宇宙空間にも身を置けることである。

この能力をできるだけ実証的《じっしょうてき》に記録していきたいものだと思っている。

二〇一八年　五月三十日

幸福《こうふく》の科学《かがく》グループ創始者兼総裁《そうししゃけんそうさい》　大川隆法《おおかわりゅうほう》

心霊現象リーディング　目次

心霊《しんれい》現象リーディング

――徹底解明　見えざる世界からのコンタクト――

二〇一七年七月四日　収録
東京都・幸福の科学総合本部にて

ケース2 夢でお墓《はか》の映像が現れたあと、金縛《かなしば》りに

古来、釈迦《しゃか》のように悟《さと》りを開いた人には、人知を超《こ》えた六種の自由自在の能力「六神通《ろくじんずう》」〈神足通《じんそくつう》・天眼通《てんげんつう》・天耳通《てんにつう》・他心通《たしんつう》・宿命通《しゅくみょうつう》・漏尽通《ろじんつう》〉が備わっているとされる。それは、時空間の壁《かべ》を超え、三世《さんぜ》を自在に見通す最高度の霊的《れいてき》能力である。著者は、六神通を自在に駆使《くし》した、さまざまなリーディングが可能。

本書に収録された公開リーディングにおいては、霊言や霊視、「タイムスリップ・リーディング（対象者の過去や未来の状況《じょうきょう》を透視《とうし》する）」「リモート・ビューイング（遠隔《えんかく》透視。特定の場所に霊体《れいたい》の一部を飛ばし、その場の状況を視《み》る）」「マインド・リーディング（遠隔地の者も含《ふく》め、対象者の思考や思念《しねん》を読み取る）」「ミューチュアル・カンバセーション（通常は話ができないような、さまざまな存在の思いをも代弁して会話する）」等の能力を使用している。

心霊《しんれい》現象リーディング

――徹底解明　見えざる世界からのコンタクト――

二〇一七年七月四日　収録

東京都・幸福の科学総合本部にて

〔進行役〕

斎藤哲秀《さいとうてっしゅう》（幸福の科学編集系統括《とうかつ》担当専務理事 兼《けん》ＨＳＵ未来創造学部
芸能・クリエーターコースソフト開発担当顧問《こもん》）

吉川枝里《よしかわえり》（幸福の科学第三編集局長 兼「アー・ユー・ハッピー？」編集長）

〔対象者〕

花島麗奈《はなじまれな》（幸福の科学メディア文化事業局主任 兼 アリ・プロダクション〈株〉主任）

山口篤《やまぐちあつし》（幸福の科学事務局総務部部長代理）

Ａ（幸福の科学職員）

［役職は収録時点のもの］

序章　事件が起きた「時と場所」をリーディング（霊査《れいさ》）する

大川隆法　夏がまた近づいてまいりました。夏休みの時期には、テレビでよく心霊《しんれい》現象の特集番組をやっているので、幸福の科学もそのようなものをやっています。

　毎年、少しずつやっているのですが（『神秘現象リーディング』『怪奇《かいき》現象リーディング』『宇宙人体験リーディング』『恐怖《きょうふ》体験リーディング』〔いずれも幸福の科学出版刊〕等参照）、ときどき、〝面白《おもしろ》いもの〟が出てくることもあるので、今年（二〇一七年）もやりたいと思います。

　もし、ストーリーの面白いものがあったら、当会には俳

『神秘現象リーディング』（幸福の科学出版刊）

『怪奇現象リーディング』（幸福の科学出版刊）

優の卵のような人がたくさんいるので、その人たちを使い、〝小話《こばなし》（短編）〟の実写映画をつくると、ちょうどよい練習になるのではないかと思います。

私は、事件が起きた「時と場所」にフォーカスして、「視《み》えるもの」「感じるもの」等について話していきますが、描《びょう》写《しゃ》はできるだけ具体的で分かりやすいものになったほうがよいので、必要に応じ、合いの手や質問などを入れてくださっても構わないと思います。対象者本人からでも結構です。

最初は、「視えるもの」と「感じるもの」を言います。

『宇宙人体験リーディング』（幸福の科学出版刊）

『恐怖体験リーディング』（幸福の科学出版刊）

ケース1　朝起きると、脚《あし》に謎《なぞ》の手形が……

高校二年の夏に見た悪夢

大川隆法　では、一人目の事案をお願いします。

斎藤　はい。本日の「心霊《しんれい》現象リーディング」における対象者の一人目は、芸能事務所のアリ・プロダクションに所属しておられる（収録当時）、二十四歳《さい》の花島麗《はなじまれ》奈《な》さんです。

花島さんは、高校二年生の夏に悪夢を見たのですが、そのあと、朝起きて目を開けてみたら、なんと、脚《あし》に「手形」が残っていました。物理的に残っていたのです。

大川隆法　どのあたりですか。膝《ひざ》の上？

斎藤　はい。

大川隆法　腿《もも》のほう？

花島　膝の上です。

斎藤　それでは、そのときの状況《じょうきょう》を、ご本人の口からご説明いただければと思います。

花島　それは高校二年生の夏に体験しました。
　実は、その悪夢を見る一週間ほど前から、体のエネルギーが抜《ぬ》けてしまい、気力も湧《わ》いてこないような状態、いわば体が軽くなってしまうような状態が一週間ほど続いていました。

そういうときに悪夢を見たのですが、その夢の内容は次のようなものです。

夢のなかで、自宅のリビングにテーブルと椅子《いす》があって、私は、その椅子に普通《ふつう》に座《すわ》っていました。そうしたら、黒い布のようなもので全身を覆《おお》われ、何も見えない状態にされてしまい、それから急に脚の上に重みを感じました。自分では何も見えないのですが、「今、何かが私の脚の上に乗っている」ということを感じたのです。

それで、すごい恐怖《きょうふ》にとらわれたのですが、その姿を見るのは怖《こわ》くて、どうしてよいか分からないまま、ただ座っている状態でした。

とうとう、恐怖のあまり、「主《しゅ》への祈《いの》り」（幸福の科学の経文《きょうもん》『祈願文《きがんもん》①』の冒頭《ぼうとう》にある祈り）を心のなかで唱《とな》えたら、そこで夢が終わりました。

目が覚めて、「ああ、夢でよかったな」と思い、安心して起きたのですが、気がつくと、膝の上に、手をずっと押《お》しつけていたような手形が、くっきりと残っていて、「これは単なる夢ではなく、本当に悪霊《あくれい》が来ていたんだな」と思ったのです。

　その当時、私は、受験勉強まっしぐらでしたので、非常に排他《はいた》的な思いになっていて、心境も悪かったのですが、幸福の科学の教えのとおり、「心境が悪いと本当に悪霊を呼び寄せてしまう」ということを初めて実感した、自分への戒《いまし》めになるような出来事でした。

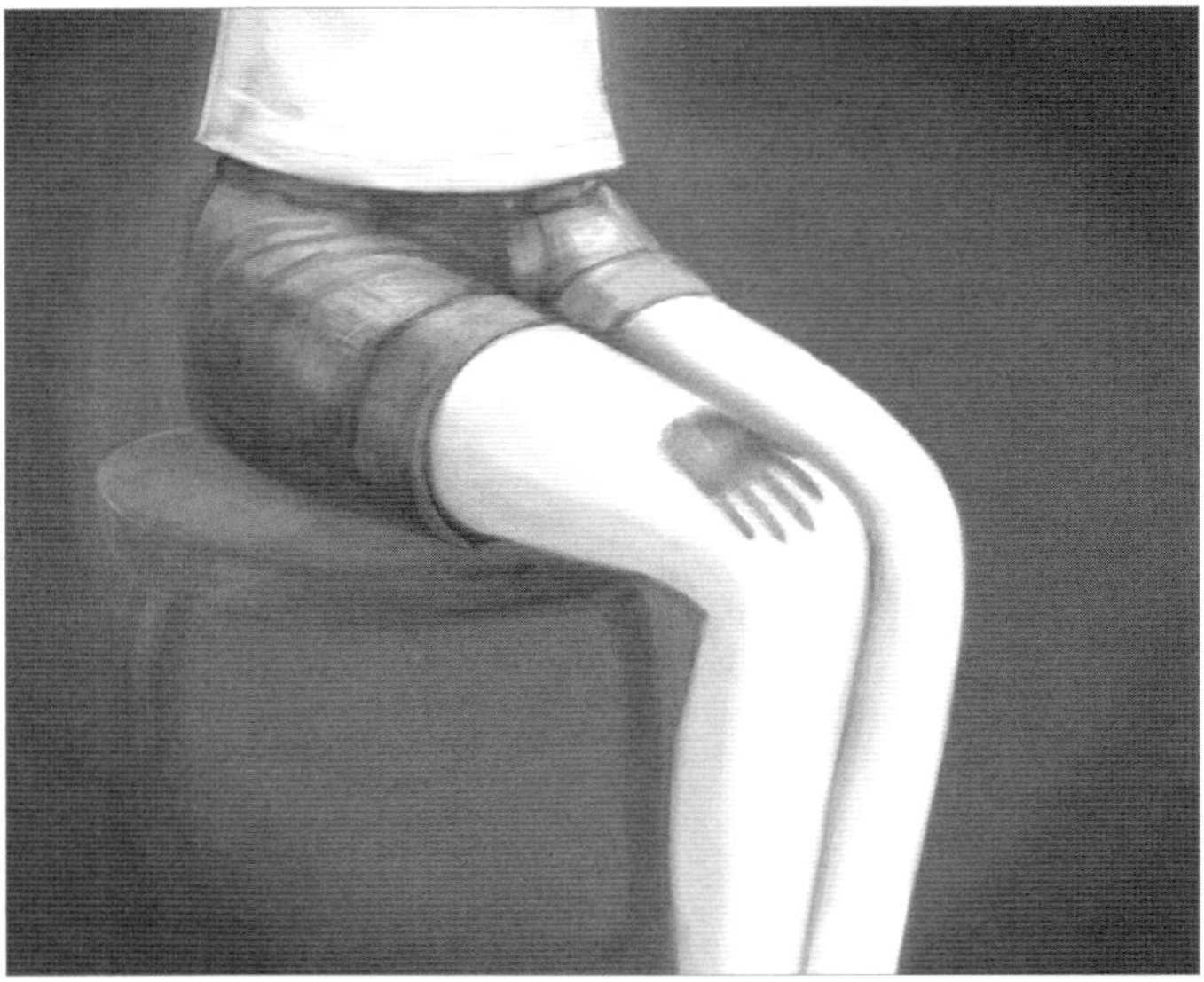

朝起きると膝の上に残っていた手形。

大川隆法　うーん。手形の証拠《しょうこ》写真を撮《と》って、反省の材料にした

斎藤　報告のレポートによると、彼女は当時、その手形を見て、証拠《しょうこ》写真を撮《と》ったそうです。

花島　はい。初めての出来事だったので、「心が荒《あ》れていると悪霊が来る」という戒めを、自分に言い聞かせようと思い、そのときに持っていた携帯《けいたい》電話で手形の写真を撮って……。

斎藤　保存していたんですか？

花島　保存していました。

斎藤　その写真をご自身の反省の材料にしたんですね。

花島　そうです。「反省の材料に」と思って……。

斎藤　例えば、怖い目に遭《あ》うと自分の膝をギューッとつかむ癖《くせ》などはないんですか。

花島　そういう癖はありません。

斎藤　昔、そういうことをした経験はないんですか。

花島　はい。

斎藤　いちおう懐疑《かいぎ》的な立場からで、申し訳ありませんけれども。

花島　大丈夫《だいじょうぶ》です。そういう跡《あと》が残っていたのは、その一回だけです。

大川隆法　夢のなかではテーブルに向かって座っていたけれども、実際の体は寝《ね》ている状態だったんですね？

花島　そうです。普通に寝ている状態です。

大川隆法　分かりました。

斎藤　夏というと八月ぐらいですか。七月？　夏期講習の時期？

花島　そこまで詳《くわ》しくは覚えていないのですけれども……。

斎藤　高二の夏？

花島　高二の夏です。

その夢を見たあとは体の調子が元に戻《もど》り、歩いていても、きちんと力が入っているような状態に戻りました。

大川隆法　「一週間ぐらい体が軽かった」と言っていましたよね？

花島　そういう記憶《きおく》があります。

リーディング

大川隆法　高二の夏ね。分かりました。

まず視《み》えてきたのは「逆《さか》さの十字架《じゅうじか》」と「コウモリのような影《かげ》」

大川隆法　それでは、「心霊現象リーディング」に入ります。

（約二十五秒間の沈黙《ちんもく》）

うーん。うーん。

（約五秒間の沈黙）

視《み》えてくるのは十字架《じゅうじか》なんですが……。

斎藤　十字架……。

大川隆法　十字架が普通とは逆になり、「逆《さか》さの十字架」になっているんですね。

斎藤　逆さの十字架……。

大川隆法　「下に突《つ》き出ているところは短くて、上のほうが長い十字架」が、まず視えてきます。

全体はまだ薄《うす》ぼんやりしていて、そのなかで、逆さ十字の形の十字架が、薄暗い灰色の雲のようなもののなかから、こちらに近づいてくる感じが、まず視えてきています。うーん……。

（約五秒間の沈黙）

なぜ、十字架が視えるのでしょうか。

（約十五秒間の沈黙）

次は、右上方に、多少、ライティングのような明かりが視えて、あとは、今言ったように薄曇《うすぐも》りのような空です。ちょうど、映画の「バットマン」を呼ぶときのような感じです。

そのライティングの……、まあ、そちらの宙《ちゅう》に映《うつ》るのではないんですが……。ライトはライトとして右上方から当たっているんですけれども、そのライトの光の先に……。

視えている視野のなかでいくと中央付近なんですけれども、「黒い影《かげ》」があるんです。コウモリの形に似たようなものが、ライトで照らし出されています。

リーディングで視えてきた「逆さの十字架」と「コウモリのような影」。

あと、周りは……、全体のバックは、黒雲《くろくも》に近いというか薄曇りというか、灰色の雲のなかにライトが当たって、コウモリの形のような影が真ん中あたりに視えます。

「逆さ十字」「コウモリ」と、二つ出てきましたね。

斎藤　はい。

次に視《み》えたのは、三枚重なった「花崗岩《かこうがん》」の板

大川隆法　ほかは、どうでしょうか。

（約十五秒間の沈黙）

次に視《み》えてくるものは「石の板」です。石の板みたいなものが視えてきます。

ええ……、材質は花崗岩《かこうがん》のように、私には視えます。やや白っぽい色に、黒っぽい斑点《はんてん》があるような感じがあって、このデコボコの感じは花崗岩的なものかと思いますね。

そうした花崗岩の板のようなものが、どのくらいの大きさ……。うーん……、一枚、二枚、三枚。三枚重なっていますね。

横幅《よこはば》が五十センチぐらいで……、いや、横というか縦かな？　縦が五十センチ、奥行《おくゆ》きが……、うーん……。いや、縦が三十センチ、奥行きが五十センチ、厚さが十五センチぐらい。

そのくらいの花崗岩のようなものが三枚、三層になって視えますね。

長崎《ながさき》周辺、町人、牢《ろう》……過去の情景描写《びょうしゃ》に迫《せま》る

大川隆法　次に視えるのは、洞窟《どうくつ》のような……、地下に近いかな。でも、光が少しは射《さ》してくるから、地下ではないのかもしれないけれども。

射してくる光は、うーん……、何か暗い牢屋《ろうや》の格子《こうし》のような窓があるようなんですが、そちらから射してくるんです。なかは……、周りは光るものがなくて暗いので、閉《と》じ込《こ》められているのかな。そういう感じに視えますね。

それで、仲間が何人かいますね。イメージ的に見ると、やはり、これは、宗教弾《だん》圧《あつ》か何かを受けているように視えるんです。

斎藤　宗教弾圧を受けている感じですか。

大川隆法　うーん。迫害《はくがい》を受けているのではないかなあ。だから、これは拷問《ごうもん》ですよね。

斎藤　拷問の部屋ですか。

大川隆法　おそらく、そこから順番に出されて、石を乗せる刑《けい》で……。

斎藤　はあ……。膝の上に石を乗せていく感じですか。

大川隆法　うーん。拷問ではないかと思う。●「重石《おもし》を乗せていく刑（石抱《いしだ》き）」ではないかと思います。これは、すごく痛いですから。

斎藤　ああ……。重石で拷問していく刑ですね。

大川隆法　うーん。これは日本だと思いますね、たぶん。

斎藤　はい。

●**重石を乗せていく刑**　江戸時代の拷問の一つに「石抱き」がある。これは、山型に尖った形状の木材を並べた台の上に囚人を正座させ、膝の上に数十キロもある石板を積み重ねていき、自白を強要するものだった。

大川隆法　これは日本であると思います。でも、感じから見て、「キリシタン・バテレン」の関係のように見えなくはないですね。

何か具体的な描写《びょうしゃ》が欲《ほ》しければ訊《き》いてください。

斎藤　花島さんは、夢のなかで、その洞窟のなかにいるのでしょうか。

大川隆法　いや、いるんですけれども。一人、視えているんですけれども。ただ、女性ではないんですよね。

斎藤　ええっ!?

大川隆法　視えている者が、女性ではなくて……。

斎藤　この方の〝生命体〟ではあるが、性別が違《ちが》うんですか。

大川隆法　うーん。今、クローズアップして視えているのは一人なんですが、髪《かみ》の毛は横に貼《は》り付いているような感じで、イメージ的に見ると、商人のようにも見えます。でも、町人系かな。町人系で、雰囲気《ふんいき》的には、たぶん、貿易に関係していた人なのではないかと思うんですね。

これは、もう場所的には、かなり特定されてくるでしょう。九州から五島《ごとう》列島に近いあたり。

1587年の「バテレン追放令」から1873年の「禁教令廃止」までの間、キリスト教徒への迫害が続いた。（上）禁教令廃止後、五島列島で最初に建てられた聖堂である堂崎天主堂《どうざきてんしゅどう》（長崎県五島市福江島《ふくえじま》）。

斎藤　なるほど。

大川隆法　このへんの感じがすごく強いので、やはり、長崎《ながさき》周辺の「キリシタン・バテレン」関係かと思いますね。

たぶん、信仰《しんこう》があったのではないでしょうか。でも、これは、閉じ込められて、次に拷問が来るのだと思いますけどね。

土牢《つちろう》に入れられている隠《かく》れキリシタンのまとめ役

吉川　着ている洋服などは分かりますか。

大川隆法　ええっと……。洋服ではないんですが、（両手で背広の襟《えり》の部分を指しながら）ここに、丹前《たんぜん》の襟のような、紺《こん》が少しくすんだような色の襟がついています。着ているもの自体は、何か薄い〝どてら〟みたいなものを引っ掛《か》けているようには視えます。これは、牢《ろう》か何か知りませんが、そのなかにいるときの姿ですけれどもね。

それで、外に出されて拷問を受けるときは、たぶん、そうした「石責《ぜ》め」と、あと、「水責め」もあるんですよ。もう一つ、水責めがありますね。近くに井戸《いど》がありますので、「水責め」と「石責め」の両方をやられている感じです。正座をさせられて、膝の上に石を乗せていかれたり、桶《おけ》のようなもので、上から水をかけられたりしています。

ああ、頭の後ろに、やはり、曲がったちょんまげがありますね。

斎藤　髷《まげ》が、ちょんまげがあるんですか。

大川隆法　でも、これは、お侍《さむらい》のちょんまげではないと思うんです。町人というか、商人をやっているような感じに見えます。後ろも、少し髪が上がっていますからね。

何かを〝吐《は》かそう〟としていると思われます。まあ、いちばん最近観《み》たもので似ているとしたら、「沈黙―サイレンス―」（二〇一六年のアメリカ映画。日本では二〇一七年に公開）に出てきた、キリシタン・バテレンが迫害されているシーンに近い感じがしますね。

たぶん、立場的に見ると、ある程度の取りまとめをしていたような人ではないかと思うんですよ。村長《むらおさ》か、町衆の責任者か。隠《かく》れキリシタンたちをまとめるような力を持っていたのではないでしょうか。そんな姿が視えてきます。

これと先ほど話された現象とがどうつながるのかは、まだ分からないんですけれども。

もう少し何か質問があれば、お願いします。

吉川　ちなみに、牢屋は、どれくらいの広さなんですか。

大川隆法　広さはよく分からないんですが、とにかく、座った高さより少し上のところに、格子の形の〝光窓《ひかりまど》〟があることはあるんです。ただ、それ一個だけですね。あとは、坑道《こうどう》ぐらいの感じの……。坑道というのは、穴を掘《ほ》ったあとのような、立って歩けるぐらいの〝あれ〟ですが、それがずーっとあります。その両脇《りょうわき》はどの程度あるのかは分かりませんが、そのような感じの所で、地下牢だと思うんです。

斎藤　地下牢ですね。

大川隆法　いわゆる「土牢《つちろう》」というものに近いのではないでしょうか。光取りの窓は一つ開《あ》いているから、それで、ぼんやりとは、なかは見えるんですけどね。そこから出されたあと、下はやはり石畳《いしだたみ》かな。

石畳のようなものの上に正座させて、膝に花崗岩と思われる石の重石をかけていっています。あとは、近くにある井戸から、バケツのようなもので水を汲《く》んで、バシャバシャかける水責めもやっています。何かを吐かせようとしているように見えますね。

リーディングに現れたイエス・キリストからのメッセージ

斎藤　これと、現代にいる花島さんが高校二年生の夏に体験した、「悪夢から覚めると手形が残っていた」という現象との関係について、深く探《さぐ》っていきたいと思います。

大川隆法　うーん。

斎藤　花島さんの見た悪夢というのは、「過去世《かこぜ》の迫害が潜在《せんざい》意識に非常に残っていて、それが現代に再現されたようなもの」なのでしょうか。

それとも、「現代において、睡眠《すいみん》中に霊的にそのような世界に行って拷問を受け、地上界に戻ってきた体験」が、こうした現象として再現されているのでしょうか。
このあたりの見極《みきわ》めについて、ご指導をよろしくお願いいたします。

大川隆法　はい、分かりました。

では、花島さんの「膝に手形が残った」と言っている部分についてフォーカスします。その「手形の意味」ですが、誰《だれ》が何のために、そういうものを残していったのでしょうか。それについて説明を求めます。

（約十秒間の沈黙）

うわぁ……。今、私の視界の範囲《はんい》内では、右上のほうに強い太陽のようなものが視えています。霊太陽のような感じがします。

斎藤　霊太陽のようなものが……。

大川隆法　霊界《れいかい》の太陽のような強い光が、今、現れました。それが闇《やみ》を照らしています。強い光が照らしていますね。うーん……。何だ？　イエス様か。

斎藤　ええっ!?　イエス様……。

大川隆法　イエス様です。イエス様ですね、これは。イエス様が……。いや、いちおうはつながっているんですね、これは。

斎藤　はあ……。

大川隆法　やはり、キリシタンの日本伝道につながってはいるんだと思います。

「イエス様の愛」だと思います。これが現れています。強い光が出ていますね。

何ですか？　どうなのですか？

（約三秒間の沈黙）

イエス様が、今、近づいて、顔が視えてきていますけれども、頭に茨《いばら》の冠《かんむり》を被《かぶ》っていますね。

いわゆる、例の「十字架に架かっているイエス」のかたちです。茨の冠を被って、顔が視えてきていますが、まだ全体は光に包まれていますね。

それで、何が言いたいのですか。どうなのですか？

（約三秒間の沈黙）

「この者は、よく耐《た》えた。選ばれし者である」ということを、イエスは言っていますね。「自《みずか》ら望んで、『イエスと同じ苦しみを味わいたい』と願った者である。信仰が試《ため》されていたし、過去世において、自分の時代にも存在はしていた者である」と。（イエスと同時代の）そのときは、「逆さ十字」で殺されている人の一人ですね。

斎藤　はあ……。

大川隆法　（隠れキリシタンの）このときは、長崎あたりが中心のキリスト教伝道で、（日本では）一時期、五十万人ぐらいまで信者が増えているんですよね。

斎藤　ああ、はい。

大川隆法　五十万人ぐらいまで増えているんですよ。今は、カトリックは十万人ぐらいしかいないかもしれませんが、当時は五十万人ぐらいまで増えている時期だったんです。大名《だいみょう》まで布教《ふきょう》したことがありますからね。「そのときにやって、受難《じゅなん》している者である」と。

ああ、十字架に架かったイエスの全身像と、頭に茨を被っている姿まで、今、視えてき始めました。

そして、どうなんですか。イエスが十字架に架かっているのは、ゴルゴタの丘《おか》ですね。そこで十字架に架かっているのを、下から見上げている一人ですね。下から見上げている一人だと思われます。

斎藤　「当時もいた」ということですね。

大川隆法　いたということですね。

イエスの死（ジェームズ・ティソ画、1886 ～ 1894 年、ブルックリン美術館所蔵）

「イエスが処刑されたときに、この人は、その現場にいた」ということですね。いたということだと思います。

悪夢のあと、手形が物質化した驚《おどろ》くべき意味

斎藤　これは、「悪《あ》しき者が手形をつけた」のでしょうか。それとも、ご本人がおっしゃるように、「戒めや教訓として、そういう記憶を思い出しなさい」というようなプラスのものとして、聖なる者が与《あた》えた痕跡《こんせき》なのでしょうか。

このあたりの微妙《びみょう》なところはいかがでしょう。

大川隆法　本人は、「受験期だったから〝自己中〟になっていて、引き寄せたのかな」と言っているけれども、そうではなくて、（花島を）霊的世界のほうに誘《いざな》おうとしているようには見えますね。

本来、キリスト教系であれば、「聖痕《せいこん》」やイコン（聖画像）のようなものが出な

くてはいけないんですが、そういう認識が本人にはなかったので、違うものとして出てきていると思われるんです。

ですから、その手形は、「悪霊による金縛《かなしば》りの跡」のようなものではなく、「いわゆるイコンや聖痕に当たるようなものが、物質化して現れたもの」でしょう。

それは何を意味しているかというと、つまり、時代を変えて……。うーん……、これは、天正《てんしょう》時代なのかどうか、年号がよく分からないけれども、中世ですよね。中世の日本において、九州で伝道し、弾圧を受けたときに、膝に石を乗せられて拷問されているけれども、その痛みをイエスも感じ取っているわけです。「かわいそうだ」と思って、感じ取っているわけですね。

花崗岩の石の板が三枚ぐらい乗って、悲鳴を上げていますけれども、その石の下に、イエスが自分の手を差し入れようとしている感じなんですよ。

斎藤　ああ……。石を支えてあげている、その手で。

大川隆法　うん。そう、そう。「痛みを和《やわ》らげよう」という精一杯《せいいっぱい》の気持ちが出ていますね。

斎藤　脚をつかんで「痛めつける」のではなくて、「石を支えるために、手が入り込んでいる感じ」なんですね。

大川隆法　うん。痛めつけるのとは逆で、その石と膝の間に、イエスの手が入っていて……。

斎藤　はあ……。膝の上に挟《はさ》まれているイエス様の手の跡が、聖痕のように残っているわけですか。

大川隆法　そうですね。多少なりとも痛みを和らげてやろうとしている感じが分かります。イエスも泣いていますから。

斎藤　はあ……。

大川隆法　これは、悪いほうではなかったようですね。やはり、将来、宗教のほうで活動するための〝モニュメント〟というか、記念碑《ひ》的なものを何か残そうとして、手形が残ったんだと思います。だから、悪いものではなかったような気がします。

本人は、「体が軽い感じがずっとしていて、その後は普通に戻った」と言っていたけれども、この〝軽い感じ〟というのは、おそらく、魂《たましい》が一週間ぐらい、肉体から遊離《ゆうり》しやすい状態になっていたのではないかと思いますね。

斎藤　一週間ぐらい遊離状態に近い状態が続いていたわけですか。

大川隆法　はい。だから、「遊離しやすい状態」というのはどういうことかというと、生きているんだけれども、肉体から魂が遊離するときに、死者、死んだ人を見るわけです。その人たちと会話をしたり、コミュニケーションを取ったりすることができるのですが、現実的には、肉体人間としては、しばらくの間、ある意味での〝仮死状態〟になっているんですね。

寝ている間や瞑想《めいそう》しているとき、祈りをしているときもそうなんですが、そういうときに、一瞬《いっしゅん》、〝死の状態〟になっていることが多いんです。

ですから、その手の跡は「イエスが残した聖痕」です。

斎藤　今、大川隆法総裁の心霊現象リーディングによって、「イエス・キリストが、『霊的世界に参入するように』ということで、その誘《いざな》いの印《しるし》として、記念碑的に現代的な聖痕を残した」ということを明らかにしていただきました。

大川隆法　それで、写真が撮れたんでしょう?

斎藤　はい。写真を撮られています。

大川隆法　だから、わざわざ残したんでしょう。これは、悪い〝あれ〟ではないと思います。

「あなたには、それだけの使命がある」

大川隆法　結局、「全部、知ってはいた」ということかな。イエスが十字架に架かるときも……。

斎藤　見ていたと。

大川隆法　見ていたが、自分も何十年か後には、やはり、「逆さ十字」で殺されている一人です。

斎藤　はい、そうだったと。

大川隆法　まあ、イエスの弟子《でし》たちは、ペテロもパウロも、みんなやられていますからね。「逆さ十字」や「石打ちの刑」などで殺されていますから、その仲間だろうと思います。

そして、また次に、日本でも伝道したけれども、やはり、「拷問のようなものに遭って死んでいる」ということですね。

イエスは、その信仰の強さをほめ称《たた》えているわけです。だから、それに対して、「〝気持ち〟、〝手土産《てみやげ》〟を」ということでしょう。

斎藤　〝気持ちの手土産〟ということですね。

大川隆法　（笑）

斎藤　忘れないように。

大川隆法　うん。そういうことだと思います。

花島　はい。夢では、最後に、「主への祈り」を心のなかで唱えて目が覚めました。そういう意味では、恐怖もあったのですが、そのあとには、やはり、「いろいろなことがあるけれども、常に光が見守ってくださっている。夢のなかで、最終的に『主への祈り』を唱えたのも、天から救いの光が降りていて護《まも》られたんだ」という感覚があったんですね。それが、そのときの記憶として、すごく残っているので、うれしいです。

大川隆法　なるほど。「受験のあとにあるものを忘れるなよ」ということですかね。そういうふうに、「それに対して、何か疑問や記憶を持っている」ということが、次の取っ掛かりになりますからね。自分の使命に目覚めるために、「これは何だったのだろう？　あれは何だったのだろう？」と思い続けることで、いろいろなものがつながってくることがあるわけです。

実は、ここ（本リーディング）まで予想していた可能性もあることはありますけれどもね。

斎藤　え？

大川隆法　リーディングを受けるところまで予想していたかな。

斎藤　リーディングを受けるところまで、未来を予測しながら……。すごいですね。

大川隆法　うん。予想していた可能性はある。

要するに、「使命がある」ということを伝えたかったんだと思うんですよ。だから、そういうかたちでイレギュラーなことがあったけれども、やはり、「あなたには、それだけの使命があるんだ」ということを伝えたかったんだろうなとは思いますね。

斎藤　はい。この方は、一昨年《おととし》（二〇一五年）の「新入職員リーディング」で、過去の転生《てんしょう》においては外交に長《た》けた方として……。

大川隆法　ああ、そうですね。

斎藤　紀州藩《きしゅうはん》の出身で、坂本龍馬《さかもとりょうま》先生とご縁《えん》のある方でした。

大川隆法　たぶん、「（過去世で）いろいろな仕事をされているのではないか。まめに働いていらっしゃるのではないか」とは思います。いずれ、その使命が出てくるでしょう。

そういう意味では、そうとう芯《しん》は強い方なのではないでしょうか。

斎藤　はい。今日は長年の謎《なぞ》が一つ解けたわけですので、これから新しい使命の成就《じょうじゅ》に向けて、ますます修行《しゅぎょう》を重ねていかれることを心から祈っています。

大川隆法　はい。

斎藤　一人目の花島麗奈さんが高校二年の夏に体験した手形の「霊的な真相」が明かされました。ありがとうございました。

大川隆法　はい。ありがとうございました。

ケース2 夢でお墓《はか》の映像が現れたあと、金縛《かなしば》りに

「おまえのことは、はるか昔から知っている」と言う霊《れい》

斎藤　二人目の対象者は幸福の科学の事務局総務部の山口篤《やまぐちあつし》さんです。この方は、幸福の科学の立宗《りっしゅう》時に入会した〝最も古い〟信者のお一人です。

大川隆法　はい。今ごろ、山口さんが出てくるというのも、ちょっとあれなんですけど……。本人自身がもう〝亡霊《ぼうれい》〟と化しているんじゃないでしょうか（笑）。

斎藤　これも夢の話なのですが、先ほどの夢とはまた違《ちが》う種類のものです。山口さんは、一九八六年の春ごろ、寝《ね》ているときに強度の金縛《かなしば》り状態となり、生《なま》

臭《ぐさ》い霊臭《れいしゅう》とともに、「死ね！」というような邪悪《じゃあく》な感情が胸に飛び込《こ》んできました。そして、葛藤《かっとう》しているうちに朝になったということです。

この体験について、本人からご説明をお願いします。

山口　これは、一九八六年、まだ幸福の科学が立宗する前の、おそらく春ごろのことだったと記憶《きおく》しています。

当時、すでに幸福の科学の霊言集《れいげんしゅう》は出ていまして、私はそれを読んで、「将来的にはこの運動に参画《さんかく》させていただきたい。お手伝いをさせていただきたい」という思いをずっと持っていました。

そういうなかで、ある日、自分のアパートに、「もしかしたら、霊感商法系の人かな」という感じの二人組の男女が来たんです。彼らは手相を見て、判子《はんこ》を売りつけて回っているようでした。結局、そのときは判子を買わなかったのですが、彼らをなかに入れて少しお話をしました。

その日の夜、私はいつもどおり就寝《しゅうしん》したのですが、変な夢を見たのです。途中《とちゅう》、夢の場面がパッと切り替《か》わって、突然《とつぜん》、お墓《はか》の映像が目の前にバーンと現れまして、気づいた瞬間《しゅんかん》に、ものすごいスピードでガーッと後ろのほうへ引っ張られていきました。そして、気づくと、布団《ふとん》の上に寝ている自分に戻《もど》っていたという感じでした。

ただ、そのときに、何か得体の知れないものが、自分に覆《おお》い被《かぶ》さるようにして押《お》さえつけてきたのです。それで、私は金縛り状態になって、声も出せず、もちろん、指一本動かせずという感じで、布団に縛りつけられたような感覚でした。

そのときに、その得体の知れないものからテレパシーのような感じで意識が伝わってきたのです。ものすごく邪悪な、「死ねえ！」というような感情とともに、「おまえのことは何百年も前から知っている。もしかすると、何千年も前からおまえのことは知っている。まあ、せいぜいやるがいい。邪魔《じゃま》してやるからな」というような思いが伝わってきたのです。

最初、私は、それが何のことかがよく分からなかったのですが、すごく怖《こわ》くなっ

夢のなかで「お墓の映像」を見たあと、得体の知れないものが覆い被さるように押さえつけてきた。

て、心のなかで「出て行け！　出て行け！」と何度も叫《さけ》んだところ、しばらく高笑いをして、スーッと離《はな》れました。頭の上のほうに、ちょうど窓があったのですが、そこからスーッと抜《ぬ》け出ていくという感じでした。

大川隆法　頭の上から抜けていった？

山口　はい。起きたら、じっとり汗《あせ》をかいていまして、時計を見ると夜中の三時過ぎでした。「これは何だったんだろう」というのが私の体験です。

大川隆法　ふんふん。一九八六年の幸福の科学「立宗」の年ですね。

山口　そうです。

大川隆法　私が幸福の科学の立宗に向けて動き出したのは、その年の夏からです。七月十五日に商社を退社しているので、四月ごろはすでに待機に入っていたかもしれません。霊言集を出していた出版社宛《あ》てに手紙を送ってくれた人たちとは、多少会ったりし始めていたころではあるんですが、事務所はまだ開《ひら》いていないレベルですね。

ただ、彼（山口）はもう〝呼ばれていた〟んだろうとは思います。

リーディング

まず視《み》えてきたものはお城と堀《ほり》

大川隆法　（両手を胸の前で交差させる）さあ、では、心霊現象リーディングに入ります。

一九八六年春、山口さんが霊体験したものは、いったい何だったのでしょうか。

（約五秒間の沈黙《ちんもく》）

ええ……、今は全体に暗いのですが、私の視界の左上のほうに、白い……、うーん、何だろう？　白い灯籠《とうろう》のようなものが、「ちょっと長めのもの」と「もう少し短めのもの」と二本、逆《さか》さまに映《うつ》っているから、川に映っているような感じに視《み》えています。あとはほとんど真っ暗で視えないんですが、川面《かわも》ですね。今、その水面《みなも》に、長さが違う白い明かりのようなものが二つ並んで、逆さまに映っている感じで視えています。これは水面《すいめん》に映っているような感じの光です。

もうちょっとフォーカスします。

（約十秒間の沈黙）

多少は明るくなってきた感じですが、これは、やっぱり、水面にお城の天守閣のようなものが逆さまに映っているように見えるから……。

ということは、お堀《ほり》か。お堀ですね。

斎藤　お堀ですか？

大川隆法　お堀です。視えているのは、城のお堀端《ばた》の……、これは、たぶん、水のあたりの情景です。ああ、建っている城のほうが視えてきました。お城の周りに堀があります。ここですね。ああ、このあたりでしょう。どこの城かはちょっと分かりかねるんですが、城が視えてきました。うーん……。

質問があれば何でも訊《き》いてください（両手を曲げて上げたまま掌《てのひら》を対象者側に向ける）。

斎藤　はい。そこに山口篤さんの過去世《かこぜ》の方はいらっしゃるのでしょうか。その視えているものは、得体の知れない霊の生前の記憶から引き出された情景なんでしょうか。

大川隆法　うーん……。（右手を対象者に向けて弧《こ》を描《えが》くように回す）うーん……。（約五秒間の沈黙）うん……。（約五秒間の沈黙）うーん……、この城はどこなんでしょうか。うーん……、大きさから見ると……、江戸城《えどじょう》に近いような気もします。

斎藤　江戸城ですか。

大川隆法　今の皇居のお堀に少し様子が近いけれども、建物があるから、昔の江戸城のほうに近いような気がします。とすると……。

皇居の堀に架かる正門石橋と、現存する旧江戸城西の丸の伏見櫓《ふしみやぐら》（東京都千代田区）。

対象者が過去世《かこぜ》で見た日本の幕末の歴史的大事件

大川隆法　さあ、もうちょっと何か事件が展開しないと、これだけでは分かりません。なぜお堀が出てくるんでしょうか。

（右手を左から右に水平に動かす）ああ！　ああ……、彼（山口）は偵察《ていさつ》に行っているようですね。

斎藤　偵察ですか。

大川隆法　偵察ですね。ああ、なるほど。そういう役割で江戸城を見ているのか。これは桜田門《さくらだもん》ですね。

斎藤　桜田門？

大川隆法　桜田門となると、●井伊直弼《いいなおすけ》関係ですか。

斎藤　井伊直弼。そうですね。

大川隆法　桜田門は井伊直弼が暗殺されたところですね。彼は視察しているんですね。見に行っているのでしょう。桜田門……。

（右手を対象者に向けたまま静止させる。約十秒間の沈黙）おそらく、明治維新《いしん》とも関係があるということになりますね。

明治維新と関係があるらしい。

うーん、やっぱり、井伊直弼が……（約五秒間の沈黙）、大奸賊《だいかんぞく》に見えているように感じるか

●**井伊直弼**（1815 ～ 1860）　近江《おうみ》彦根藩主。安政5年（1858年）、大老に就任。同年、天皇の許可を得ずに日米修好通商条約に調印し、それに反対する尊皇攘夷派の公家《くげ》や武士を多数処罰（安政の大獄）。安政7年（1860年）、水戸脱藩の志士に暗殺された（桜田門外の変）。

ら、その出入《でい》りしているところなど、だいたいの行動パターンを調べていますね。

斎藤　ああ……。監視《かんし》しているんですか。

大川隆法　そういうふうに見えます。いろいろ変装したりしながら、桜田門の近くで、その行動パターンを見ていますね。

（弧を描くように右手を回す）ですから、まあ、井伊直弼を襲《おそ》ったのは元水戸藩《みとはん》士《し》十六、七人ぐらいと、薩摩《さつま》藩士がもう一名ぐらいいたと思われます。

そのくらいだと思うんですけど。どうでしょうか。

（両手を対象者に向け、小刻《こきざ》みに上下させる。約十五秒間の沈黙）

このシーンと何か関係があるらしいということは分かりますが、もうちょっと突《つ》っ込んだ質問をお願いします。

暗殺された要人の最期《さいご》の瞬間《しゅんかん》

斎藤　先ほどの霊体験の話に出てきた霊が、「おまえのことは、何百年前、何千年前から知っている」と言ったということですが、ほかにも、その霊が「（山口さんが）いろんな悪事をしてきたことも全部知っている」と言ったと、山口さんのレポートには書かれていました。

これは、そのことと関係があるのでしょうか。「悪事」と捉《とら》えているようなことがあるのでしょうか。

大川隆法　（弧を描くように右手を回す）うーん……。（約五秒間の沈黙）今、山口さんの姿そのものは視えていないんですが、でも、近くで火が燃えています。燃えているから……。うーん、ああ、「悪事、悪事、悪事……。分かっている」……。

（約十五秒間の沈黙）

この人は、桜田門の近くで、何かほっかむりをして、町人の格好をしていますね。

斎藤　「この人」というのは、山口さんご自身の「前世《ぜんせ》」でしょうか。

大川隆法　うーん、そうそう、そうですね。町人の格好をして、お酒とかおでんとか、何かそういう夜店を出すときのような格好をして、風景に溶《と》け込もうとしているのですが、実は偵察をしていますね。

斎藤　ああ……。「変装して偵察をしている」ということでしょうか。

大川隆法　うん。だから、そうですね、手先は手先なんでしょうけど。うーん……。まあ、「手引き」でしょう。彼が実際に手を下《くだ》したようには見えないんですけど。やっぱり、偵察員は、まだほかにもいたんじゃないかとは思われます。

ですから、彼は、おそらく、そういう諜報《ちょうほう》、間諜《かんちょう》、今で言うと公安のようなものですね。

斎藤　はい。公安ですね。

大川隆法　そのような仕事をしていたのではないかと思われます。まあ、「手引き」ですね。

ですから、うーん、恨《うら》みは買っています。

斎藤　はあ。

大川隆法　わずか十数名で、大老《たいろう》の行列を襲っているから、恨みはすごく買っていますね。これによって日本全国に激震《げきしん》が走ることになりましたので。

（両手を小刻みに上下に動かす。約五秒間の沈黙）

まあ、背景にあるものは、〝徳川《とくがわ》の怨念《おんねん》〟でしょう。

斎藤　徳川の怨念？

大川隆法　うん。ですから、あなた（山口）は、明治維新を起こした側の戦力の一員ということになります。

そして、その「爆発点《ばくはってん》」になった最も有名な〝テロ事件〟が、井伊直弼を水戸浪《ろう》士《し》たちが討《う》ち取った事件です。これは、安政《あんせい》の大獄《たいごく》に対する維新の志士たちの反発によって起きたものですね。

あのときは井伊のほうが人数は多かったと思うんですよ。四十人ぐらいはいるような気がするから。

井伊邸《てい》から桜田門までの距離《きょり》はそんなにないんです（数百メートル）。にもかかわらず、わざわざ駕籠《かご》に乗って、葵《あおい》の御紋《ごもん》みたいな……、いや、葵の御紋ではないのかな、家紋が入った駕籠に乗って行っているんです（井伊家の家紋は彦根《ひこね》橘《たちばな》）。それを、十数名で周りの者を斬《き》ったりしながら襲っていますね。

この人（山口）自身が直接襲ったわけではなく、実は町人のふりをして見張りをしたり、あとは逃《に》がすほうの手伝いも多少はしています。

「時代の転換点《てんかんてん》」となる事件の現場に立ち会っていた対象者

大川隆法　このとき、井伊直弼が生き残っていれば、もちろん、明治維新はかなり厳しかったと思います。

これをやったのは一八六〇年ごろになりましょうか、そのころですね。吉田松陰《よしだしょういん》などが斬られたのは、前年の一八五九年だと思いますが、あれも「安政の大獄」の一種ですね。橋本左内《はしもとさない》など、そういう人たちも全員やられましたね。これ（桜田門外の変）は、その「安政の大獄」の反作用として象徴的《しょうちょう》にあったものです。

井伊家は、いわゆる「赤備《あかぞな》え」というか、赤い甲冑《かっちゅう》を着けて、武勇で有名な滋賀《しが》の彦根藩出身です。井伊家は武勇で有名な家系で、直弼自身も免許皆伝《めんきょかいでん》の腕前《うでまえ》（居合《いあい》）です。その井伊直弼を、水戸浪士たちと、薩摩の示現流《じげんりゅう》を使う人も一人入っていると思いますが、十数人で襲っています。井伊直弼が出勤しようとしている四十人以上の列を襲っていますね。

雪が視えます。

斎藤　雪ですね。このときは雪でした。

大川隆法　雪が視えます。

ただ、このとき、井伊は一方的にやられていますね。不意打ちというか、「井伊がこんなに弱いのか」という感じで、周りの人がバサバサーッと斬られていって、最後はその駕籠に乗っている井伊直弼を、うーん……、一、二……、三人ぐらいが三方向ぐらいからブスーッと刀で刺《さ》して殺しています。

井伊は、その駕籠のなかから外に転げ出しています。それに、さらにとどめを刺している人がいますね。この人（山口）はそれを見ています。

斎藤　ああ……。彼は当時、「その場にいた」ということですか。

リーディングすると、幕末の大事件となった「桜田門外の変」の様子が視えてきた。

大川隆法　「見ていた」ということです。自分は刀は使っていないけど、それを、わりに近い距離で見ていますね。ほんの一瞬というか、わずかな時間の出来事だったと思われます。

これが、やはり、幕府が崩《くず》れる前哨《ぜんしょう》戦となりました。「井伊の大老がわずか十数名にやられた」ということで、これで幕府の威信《いしん》の崩壊《ほうかい》が始まり、やり損ねた全国の志士たちが「先を越《こ》された」というので悔《くや》しくて切歯扼腕《せっしやくわん》し、地方の藩士たちがみな、幕府を倒《たお》すためにぞくぞくと決起し始める。これが、明治維新への気運が一気に立ち上がってくる転換点《てんかんてん》になっています。

このときに彼もいたように思います。

あの夢が示したもの――「これから大きな仕事が始まる」

斎藤　象徴的な夢だとは思いますが、一九八六年の春ごろ、山口さんは夢のなかで

「お墓の前に立っていた」ということですので、お亡《な》くなりになったその後、幕府の方々との霊的な縁《えん》が、何かかかわっているのでしょうか。

大川隆法　いや、これは幕府側の霊ではなく、お墓は、おそらく、「幕府を襲って捕《つか》まり、やられた水戸藩とかの人たち」のほうだと思うんですよね。

斎藤　あ、仲間ですか。

大川隆法　うん。やられていると思うので。ただ、この人は逃げおおせている。おそらく、逃げおおせた。

結局、身分は分かっているので見つかっているはずです。犯人たちのなかには、その後、見つかってお墓に入った人たちはいるはずなので。

斎藤　「逃げられた人」と、「捕まって処刑《しょけい》された人」がいるわけですか。

大川隆法　犯人たちが全員捕まったかどうかは、私はよく分かりませんが、そのお墓（に入った人たち）をこの人が弔《とむら》っています。

斎藤　夢のなかで、山口さんはその方々を弔っていたんですね。

大川隆法　そうそうそう。弔っていた。
それから、「引きずり込まれる」というのは、うーん。そうそう、「今、明治維新と同じようなことが、もう一回起きようとしている」というのが、一九八六年で……。

斎藤　一九八六年の春というのは、まさに、現代における明治維新のような状況《じょうきょう》であったということでしょうか。

大川隆法　そうそう。そういう前夜。「おまえがこれからやろうとすることは、あの事件の何年か後に幕府が倒れたときと同じような大きな仕事で、それが始まるんだ」というようなことを教えようとしていたと思うんですね。おそらく、それで、水戸藩の浪士たちのお墓のところに引っ張っていかれたのではないかと思うんです。

激動の歴史のなかで、この魂《たましい》が果たした役割

大川隆法　ただ、それと同時に、今の皇居に当たる江戸城のほうには、やはり、〝幕府の怨霊《おんりょう》〟が渦巻《うずま》いていて、倒されたあともずっと残っていますので、その怨霊の一部は当時の関係者全員を探索《たんさく》している感じがあります。

斎藤　現在もですか。

大川隆法　うーん。そして、「おまえはまた同じような悪さをするのか」というように問うている感じがします。

斎藤　ああ……。幕府を転覆《てんぷく》させようとしたことが悪さだということですね。

大川隆法　そうそう。「そういう括弧《かっこ》付きの〝常識〟を守ることが保守であって、それを壊《こわ》すというのは保守ではないのだ。だから、おまえは優《やさ》しい顔をしていても〝テロリスト〟だろうが!?」という感じでしょうか。

斎藤　（苦笑）

大川隆法　幕府系でまだ祟《たた》っているものも一部にはいると思います。

ですから、「水戸の浪士たちの魂《たましい》を弔わなければいけない」ということと、「そのおまえも、しかるべきお仕置きを受けて処罰《しょばつ》されるべきだ」というように、まだ責めていることとがせめぎ合って、次にやろうとしていることに対して、「もう余計なことはするな」というような感じがあるのではないでしょうか。

斎藤　なるほど。ということは、先ほどの山口さんの体験では、「夢のなかで、お墓の前に立って供養《くよう》をしていたときに、ものすごい勢いでグイーッと後ろのほうに引っ張られた」ということでしたので、予告と妨害《ぼうがい》の二つが同時に起こったわけですね。

大川隆法　うーん……、まあ、〝対立するもの〟が存在するわけですね。
あの当時は、正義がどちらにあるのかが分からないような時代だったのでしょう。一般《いっぱん》的に言えば、井伊大老も優秀《ゆうしゅう》な人ではありましたから。当時の人材としては非常に優秀な人でしょうから、これを襲うということは、おそらく、今のイスラム過激派のテロと変わらないようにしか見えなかったでしょう。

それが何を意味するかということは、同時期の人には、たぶん……。

斎藤　分からない。それが何なのかは分からないと。

大川隆法　分からなかったけれども、それで日本列島に激震が走り、幕府を倒そうとする倒幕《とうばく》運動が一気に起こったわけです。

「幕府は強いものだ」と思って、みんな恐《おそ》れていたのが、「水戸藩士十数名ぐらいで本当に倒してしまえる」というのが分かってしまったといいますか。今で言えば、それは、まあ、警察庁長官や警視総監が護衛されているなかを襲う感じなので、それをやってのけたということに対する衝撃《しょうげき》は、やはり、すごいものがあったと思います。すごい衝撃の渦巻きのなかに巻き込まれていますね。それから、「われわれでもやれるのではないか」と、いろいろな藩の人たちが思い始めたのが……。

斎藤　起爆点となり、周りに影響《えいきょう》を与《あた》えたと。

大川隆法　そうそうそう。

この人（山口）自身は、その時点に存在はしていたけれども、「自分のやったことが日本史のなかにどれほどの意味があるか」について、当時は十分に理解できていなかったところがあった。人間関係のつてで引かれて手伝ってはいたんだけれども、これが日本史的にはどういう意味を持っているかというところまで、正邪を判定できるような認識はなかったと思われます。

そんな感じで、たまたま自分につながりのある人間関係で、そういうお仕事をしたようです。

初期の幸福の科学を狙《ねら》っていた悪魔《あくま》の影響《えいきょう》

大川隆法　今世《こんぜ》、一九八六年に幸福の科学を始めようとしている時点でも、この人の心のなかには「葛藤」があって、二つに引っ張るものがあるんです。

斎藤　え？

大川隆法　ですから、実は、過去世《かこぜ》と同じようなものが今世も心のなかにあって、信仰《しんこう》のなかで〝心が割れて〟います。

一九八六年春の段階で割れていて、霊言集などを読み、「これは大変なことが起きているから、やらなければいけない」という気持ちがありながらも、実際は、自分を取り巻くほかの人との人間関係のなかに、「多少違うものがあるのではないか」という違和《いわ》感のようなものを感じ取っているようには見えますね。将来、何か引き裂《さ》かれるような感じを受けているように思います。これはある程度、霊的な直感でしょう。

でも、それは、その後三年以内ぐらいに現実のものとなっていると思われ、「味方が敵になり、敵が味方になる」というようなことが起きているはずです。幸福の科学の立宗初期、教団が立ち上がっていくときに、運営において、その年の「功労者」が翌年《よくとし》には〝功労者でなくなっている〟ようなことがたくさん起きました。

そういう、どちらが正しいか分からないような、生木《なまき》を引き裂かれるような感じのことが、今世、もう一回迫《せま》ってきていることを、すでに彼は霊的に直感していたのではないかと思います。多少そういうものを感じました。

彼の魂の歴史的な問題としてはそういうものがありますが、もう一つは、幸福の科学の始まりを手伝おうとしているなかに、やはり、当会を狙《ねら》う悪魔《あくま》たちもすでに存在していたと思われます。

斎藤　出だしのころからですか。

大川隆法　そうです。やはり、立ち上がりのところを潰《つぶ》そうと狙っていたものはいたでしょう。初期に手伝おうとしていた少人数の人たちを、みんな狙っていたはずです。

この人（山口）だって、当時、すでにマークはされていたはずなので、そちらの悪霊《あくれい》の影響《えいきょう》も出てきていたと思います。

斎藤　なるほど。そちらの影響もあったということですね？

大川隆法　あったと思います。

でも、「過去の歴史の転換点に自分自身がいたことによる影響」で、そういう夢を見ているけれども、自覚はまだそこまではない。

今回も、やはり、ほかの人の引きなど、いろいろな人間関係で手伝いはし始めたものの、自分の心のなかでは、その「大義名分《たいぎめいぶん》」というか、「正義を立てる」に当たって、それに基《もと》づいて判断ができないでいる〝自分への苦しさ〟のようなものがあるのをすごく感じるので。その「隙《すき》」のところを狙われて、攻《せ》められている感じはします。

これが、その後、数年の間に感じられたことかと思います。

ほかに質問があれば訊きます。

吉川　その怨念のようなものは、現在は、もうないのでしょうか。成仏《じょうぶつ》していますか。

大川隆法　（右手を左腕に当て、左手の人差し指と中指を口の前で揃《そろ》えて立てる。約五秒間の沈黙）いやあ、やはり、この人は、〝吐《は》かせる〟といくらでもダーッと出てくるんじゃないんですか。三十年分ぐらいのドロドロしたものが、ヘドロのように大量に出てくるでしょうね（苦笑）。

何か持っていると思います。ここは、そうとう溜《た》まっていると思いますね、ええ。

斎藤　そうですか（苦笑）。分かりました。はい。

大川隆法　彼にとっては、おそらく、いったいそれが何だったのか分からないような感じの出来事がたくさんあると思います。「何だか分からないけれども、泥川《どろがわ》が流れていっている」といった感じでしょうか。

転生《てんしょう》の経験から、心に二つの正義が住む対象者の魂《たましい》

斎藤　今のは、一九八六年七月の、幸福の科学の始まりのころのお話でしたけれども、八月下旬《げじゅん》には、●日蓮聖人《にちれんしょうにん》の霊による人生相談がありました。

●日蓮聖人の霊による……　『大川隆法霊言全集』第32巻・第33巻（共に宗教法人幸福の科学刊）参照。

大川隆法　ええ。

斎藤　その霊言のなかで、山口さんの質問のときに、日蓮聖人のお答えとして、「この方は、七百数十年ほど前の過去世において、道元《どうげん》という人の弟子《でし》だった時代があります。さまざまな修行《しゅぎょう》をしていたのです。北陸の永平寺《えいへいじ》にも行っていたことがあるのです」ということで、『正法眼蔵随聞記《しょうぼうげんぞうずいもんき》』を書いた孤雲懐奘《こうんえじょう》という方ではないかと言われていますが、そうした過去世における縁のなかには、仏教的・宗教的な面などもあったと考えてよろしいでしょうか。

大川隆法　この人には、「宗教的な面」と「政治にかかわっている面」の両方がありますね。

今回の人生を見ても、宗教的な面と、宗教とは関係のない世直し的な面と、両方

●道元（1200 ～ 1253）　鎌倉時代の禅僧。日本曹洞宗《そうとう》の開祖。「修証一如《しゅしょういちにょ》（修行そのものが悟りである）」の考えの下、「只管打坐《しかんたざ》（ただひたすら坐禅すること）」を説いた。主著に『普勧坐禅儀《ふかんざぜんぎ》』『正法眼蔵《しょうぼうげんぞう》』などがある。

ありますので。

斎藤　世直し運動的な面ですか。

大川隆法　うーん、まあ、魂的《たましい》には、その両方に関心のある人もいますからね。そういう世直しの面があるので、政治・経済的なものや軍事的なものもかかわってきますよね。

斎藤　はい。

大川隆法　この人の魂の経験のなかには、まだ幾《いく》つかあるのです。まあ、そういう坊《ぼう》さんとしての経験もあるとは思うんですけれども、そちらのときには、「権力に近寄らない」というようなことを師匠《ししょう》からだいぶ言われていたのではないかと思われます。そこで、「権力に近寄らない」という教えはずいぶん受けているはずです。
おそらく、鎌倉《かまくら》時代に生まれたとき、幕府のあった鎌倉でも伝道をしたものの、あまりうまくいかなかったのでしょう。

斎藤 （苦笑）そうですか。うまくいっていなかったのですね？

大川隆法 ええ。お師匠のことを受け入れてもらえなかったので、北陸に引き籠《こ》もってしまったんですよね。そして、「もう二度と都《みやこ》なんか行かないぞ」ということで、「田舎《いなか》でもいいから、こちらで自分の道を突き進んで、自分がやりたいことだけをやる」というような感じの、やや禅《ぜん》の系統というか、「人里離れたところでやるものこそ本当の仏法《ぶっぽう》の修行だ」という感じで、山のほうにお寺を開くということを、おそらくやっていると思います。

それと、確か先ほども述べたような、「世直し型の政治活動、革命運動のようなもの」というように、魂的には、若干《じゃっかん》、微妙《びみょう》に違う面もあります。

やはり、「そういうものから離れたほうがいいのではないか」というか、「一人静かに離れて、心が乱れないほうがいいのではないか。それが正しいのではないか」と思う気持ちと、「邪悪なるものとか間違っているものがあったら、それを直すべく決起して、何か行動するのがいいのではないか」というような気持ちと、この人のなかには、やはり、この〝二つの正義〟が住んでいるようです。

斎藤　山口さんの心のなかには、二つの正義が住んでいるんですね。

大川隆法　住んでいると思います。そして、それは、「いつも、自分でも解決できない問題として残っている」と思います。

対象者の魂《たましい》が抱《かか》える課題とは

大川隆法　それ以外には、幸福の科学の教団が始まってから三十年の間にいろいろと起きた事件やイノベーションの数々を、もはや頭では整理し切れないでいて、「禅宗のほうがよっぽど楽だったな」と思っているようなところがあります。

斎藤　なるほど。「只管打坐《しかんたざ》」で、ひたすらに心を調《ととの》えて……。

大川隆法　それ（禅宗）であれば、あとは坐《すわ》っていればよかったので何も問題はなかったのですけれども、「いやあ、この宗教はちょっと難しすぎる。いろいろなことが起きすぎて整理ができない。誰《だれ》か、上手に整理して教えてくれ」と、まあ、そんな感じのところはあると思います。

それから幸福の科学の最初期のころ、ヨガをやっているグループがありましたが、かつて禅宗をやっていたときの感じを〝だぶらせて〟か、その人たちに惹《ひ》きつけられていましたよね。

そのヨガグループの人は、幸福の科学を多少手伝っていたことは事実です。ごく初期のころに、「あちら（ヨガのグループ）が真理だと思っていたこと」と「幸福の科学の真理」が〝同居〟しているように見える時期があって、高橋信次《たかはししんじ》的な教えのところが接着剤《ざい》のようになってつながって、一緒《いっしょ》にやっているように見えていた時期がありました。

しかし、これがだんだん分かれていったときに、向こうから見たら、ひどい反則というか、おそらく、利用だけして独立されたような感じに見えていたのでしょうけれども、マクロの目で見える人には、最初から「一緒にやるのは無理だ」というのは見えていたことではあったのです。居場所を変えていかなければいけなかったものだったのだろうと思うんですよ。

ヨガの一派のなかに幸福の科学をすべて入れてしまうというのは、ちょっと無理な話です。当会は思想体系が大きすぎるので、それは無理だったかと思います。

ですから、正直に言って、もし幸福の科学のなかに今、道元がいたとしても、日《にっ》光精舎《こうしょうじゃ》の館長ができればいいほうでしょう。まあ、そんな感じだと思います。そこで「無念無想《むねんむそう》」だけを言っているぐらいの感じだと思います。

幸福の科学は、あまりにも教えが多すぎるし、実際は活動もたくさんあるので、理解ができないんですよね。

要するに、この人の抱《かか》えている問題自体は「認識力の問題」で、結局、それがずっとついて回っているのです。

意外に、「歴史的に大きな事件」というか、変革時にかかわっていて、本人もその一部を担《にな》ってはいるのだけれども、自分がやっていることの意味のすべては理解できないでいるということでしょう。そういうことが、ずっとついて回っている感じでしょうか。自身も十分に……。

斎藤　「心霊現象リーディング」からかなり踏《ふ》み込み、「個人相談」まで頂きました。

大川隆法　ああ、「心霊現象リーディング」にしては、ちょっと過ぎたものだったでしょうか。

斎藤　いいえ、とんでもないです。われわれ法友《ほうゆう》一同には、本当に学びとなりました。

金縛《かなしば》り体験の意味

大川隆法　ただ、「前世において体験したこと」とは別に、「現世《げんせ》において、幸福の科学の教団を立ち上げる前にたくさんの邪魔が来ていて、手伝っていた人たちを狙っていたのも事実ではある」ので、まあ、そのあたりが多少影響していたことも事実でしょう。

ただ、一九八六年の春ごろは、何かが起きようとしていたのです。これから教団ができようとしていて、何かその核《かく》をつくらなければいけないというインスピレーションが来ていたと思うんですよ。私のほうも焦《あせ》っていましたしね。

実は、当時の私は名古屋《なごや》にいたのですが、東京に足場をつくらなければいけないということで、週末はときどき東京に出てきたりしていたこともあったのです。その足場のところの問題が非常に苦しかったと思います。

まあ、そういうのは、ちょっと引き裂かれたものというか、体のなか、心のなか、魂《たましい》のなかに、引き裂かれた状態が……。

斎藤　かなり引き裂かれた状態がつくられてしまったということですね。

大川隆法　こういう両立しないことというのは、おそらく、過去、何度も経験があったのだろうと思いますが、どちらかというと、あなた（山口）は、それをあっさりと、完全に〝バッサリ斬って捨てる〟ほど合理的な人間ではないんですよね。どちらかというと、何か、人間同士のつながりのようなものに惹かれるタイプの人なので。

斎藤　そうですね。とてもお優しい方です。

大川隆法　ええ。そちらに入っていくので、つながりをなかなか断《た》ちがたいところがあるということです。

まあ、今世はそういうことで、今は、泥川を木《こ》の葉舟《ぶね》となって流れ続けているような状況でしょうか。

斎藤　（苦笑）共に精進《しょうじん》させていただいています。私もたいへんお世話になりました。本当に感謝しています。

大川隆法　（笑）ええ。まあ、「分からないこと」もあるでしょう。それはしかたがありません。事件が大きすぎて分からないということはあるでしょうね。

斎藤　はい。山口さんは、転生《てんしょう》のなかで、いつも歴史的な現場にいて、先駆《さきが》けとなるものの、その大きさを受け止め切れずに心が二つに割れている、そのような状況になりやすいということで理解してよろしいでしょうか。

大川隆法　そういう状態ですね。「（夢のなかで）引きずり戻されたりする」というのは、そういうところも多少関係があると思います。行って戻ってくるような感じというのは、そういうことではないでしょうか。

まあ、そういう霊体験の一つかと思います。

山口　ありがとうございました。

斎藤　総裁先生、まことにありがとうございました。

ケース3 自宅マンションに起きるポルターガイスト現象

轟音《ごうおん》が聞こえ、外から光で照らされ、家電が一斉《いっせい》に動き出した

斎藤　それでは、三人目にまいります。Aさん（女性）は、激しいポルターガイスト現象を体験されました。

三年ほど前（二〇一四年）、マンションに住んでいらっしゃったときに、夜、ゴーッという轟音《ごうおん》を聞き、外から光で照らされたそうです。最上階にお住まいだったので、「そんなことはないだろう」と思いながらも、轟音のなかで光に照らされていると、勝手にエアコンが作動したり、テレビのレコーダーが動き出してスイッチがついたり消えたりしたそうです。そして、バタバタするような状況《じょうきょう》のなか、恐怖《きょうふ》で意識を失ってしまい、気がつくと朝になっていたということです。

　この体験をしたAさんから、そのあたりの話を詳《くわ》しくお聞かせいただければと思います。

対象者A　おそらく、三年ぐらい前の夏の夜だったと思います。何か外が騒《さわ》がしいような感じの雰囲気《ふんいき》がしました。

大川隆法　三年ぐらい前ですか。

対象者A　はい、そうだと思います。

ちょっと騒がしい音がしたので、目が覚めたんです。そうしたら、外から車のライトで照らされるように室内が明るくなったんです。

ただ、マンションの八階に住んでいましたので、「車のライトで照らされるということはないだろう」と思ったのです。でも、エンジン音のようなものも聞こえてくるので、「おかしいなあ」と思っていたら、今度は隣《となり》の部屋の蛍光灯《けいこうとう》が点《つ》いたり消えたりしたんですね。もう、すごく怖《こわ》くなって、「これは気のせいだ！　気のせいだ！」と自分に言い聞かせていたら、いったん止《や》んだので、ホッとしたわけです。

ところが、また外からライトを照らされたり轟音が聞こえてきたりして、気がつくと、隣の部屋の蛍光灯が何回も点いたり消えたりし始めたので、「これは怖い。どうしよう、どうしよう。もう寝《ね》てしまおう」と思って、寝たふりをしたのです。

それから、しばらくすると、エアコンや電話、ビデオなどの家電のスイッチが一斉《いっせい》に入ったような感じになって、いろいろな機器の音が鳴り始めました。「これはいったい何なんだろう？　気のせいだ、気のせいだ」と思って、止むのをひたすら待っていたのです。「もう早く寝てしまおう」と思っているうちに、ふと気づいたら明け方になっていました。

そのときに、外でパトカーのサイレンが鳴っていたので、「私と同じ経験をした人がマンションにいるのかな」と思ったりもしたのですが、その間《かん》に全部が静まっ

ケース３　自宅マンションに起きるポルターガイスト現象

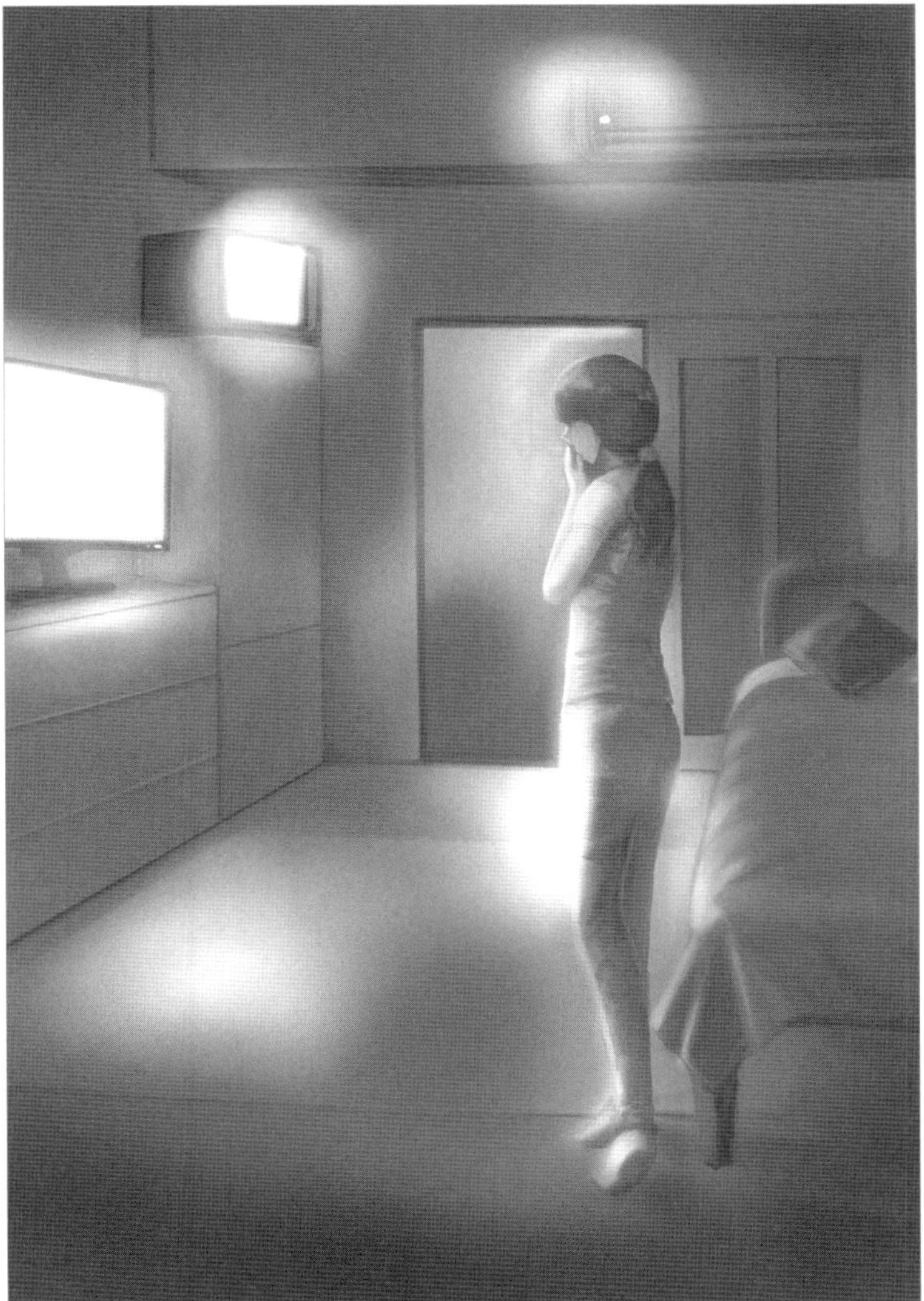

８階の部屋が外からライトで照らされたあと、家電のスイッチが一斉に入った。

ていたような感じだったのです。

「これは夢だったのかな?」とも思ったのですが、いつも入れっぱなしにしている給湯器のスイッチが消えていたので、「あれ? 変だな」と感じました。

また、スイッチ部分がちょっと壊《こわ》れかかっていた電子レンジがあったのですが、それが元どおりに直っていたのです。

そういう経験をしました。

斎藤　朝、起きたら、壊れていたものが直っていたのですか。

対象者A　はい、直っていました。

大川隆法　うーん、ポルターガイストか宇宙人系か、何かが出るかもしれませんね。一般《いっぱん》的な感じでは、そのあたりの雰囲気がします。

リーディング

リーディングで視《み》えてきた宇宙空間、大きな目、そして……

大川隆法　それでは透視《とうし》します。

Aさんが経験なさった心霊《しんれい》現象の秘密に迫《せま》りたいと思います。

（約二十秒間の沈黙《ちんもく》）

うん……。何だろう？　「渦巻《うずま》き」のようなものが視《み》えています。

渦巻きのようで、何か耳のようにも視えるのですが、カタツムリのようにも視えます。渦巻きが視えていますね。

これは今、私の視界の左の真ん中あたりに視えているのですが、「渦巻き」は左向きですね。まるで天気予報の台風の映像を観《み》ているような感じがします。

うーん……。それで、どうですか。今、渦巻きが視えています。

（約十秒間の沈黙）

今、視界の真ん中の上方に、少し丸い感じの暗闇《くらやみ》があって、そこから少し末広がりの、何か道のようなものが出ているように視えます。

うーん……。何でしょうか。もっと視せてください。はっきりと視せてください。

今、横から視えているもので、窓は「ひし形」でしょうか。四角で上が長く、ちょっと縦長の窓が幾《いく》つか視えています。一つだけ明かりが点いていて、ほかのところはまだ暗いですね。窓はほかにも存在しているような気がするのですが、今は一カ所の窓だけが明るく視えています。

今、その内側に入りました。内側に入って視ています。

私に視えているのは星です。ですから、これは宇宙空間だと思います。窓から宇宙空間が視えています。

何か質問をお願いします。

斎藤　「ひし形の窓から宇宙空間の星が視えている」ということですが、ほかには何か形のあるものは視えますでしょうか。

大川隆法　大きい目が視えます。

斎藤　目？　大きい目がありますか。

大川隆法　大きい目があります。窓からは、暗闇に広がっている星が点々になって視えているのですが、こちらのほうを見ている大きい目が二つありますね。

斎藤　大きい目が二つですか。

大川隆法　はい。墨《すみ》のような色の目です。

斎藤　「目の色は黒い」ということですか。

大川隆法　黒くて大きい目です。

斎藤　それは、どのような形をしていますでしょうか。

大川隆法　パッと見た印象は、タコのようですね。

斎藤　これは、なかを見つめている感じですか。

大川隆法　いや、私のほうを見ているんです。宇宙を背景にして、私のほうを見ています。

ですから、外の星が視える窓は一カ所と……、その左にも視えています。ほかにもあるようですが、窓と窓の間ぐらいのところに、ちょっとタコに似た感じの生き物がいるように視えます。

ただ、その目の大きさがやたらと特徴《とくちょう》的で、二つの楕円《だえん》の目を持っています。

斎藤　楕円の目。

大川隆法　ええ。（縦に）まっすぐではなくて、上のほうがやや外側に開《ひら》いている目です。

それで、まぶたに当たるのだと思うのですが、目の周りがやたらと盛り上がっていて、外側が二重《にじゅう》になっています。この目も、多少は瞬《まばた》きが可能なのかもしれませんが、今は、瞬きはしていないですね。
でも、目の周りに肉の盛り上がりのようなものがあるので、いちおう、いざというときには目の上を覆《おお》えるようになっているのではないかと思います。
下のほうは、明確ではありませんが、タコの足のようにも視えていて、今、だんだん、電気のようにビリビリと放電し始めました。

斎藤　放電ですか。

大川隆法　ええ。
足のようなものがたくさんあるのですが、その間で、放電のようなものがたくさん始まっています。いちおう、下に床《ゆか》はあるようですが、その足と足の間で激しく放電し、電気がそうとうビリビリとして、磁場《じば》をつくっているような感じがしますね。

不思議な宇宙服を着たような姿

吉川　顔には、鼻や口などはあるのですか。

大川隆法　顔ですか？　顔に鼻や口があるかどうか……。

（約十秒間の沈黙）

まあ、目だけ、やたらと特徴がはっきりしているのですが、うーん……、顔、顔、顔……。

うーん……。鼻だか口だか分かりませんが、両目の間には、やはり、何か隆起《りゅうき》しているものがあるようには視えますね。

斎藤　うーん。

大川隆法　これが鼻か口かは、私にはよく分かりません。今は視えないのですが、何か隆起しているものはあります。

吉川　全身の色とかは……。

大川隆法　うん？　全身の色？

吉川　はい。

大川隆法　（約十秒間の沈黙）

うーん……。今、視えている場所は、船内のようなところですけれども、全体に薄暗《うすぐら》い感じで、その足の周りのところに電気がたくさん走っているのが、まるで水かきのように視えるんですよね。電気がパーッと走って、そのあたりをたくさん照らしているのが、まるで水かきのように視えています。

上に照明はないですね。上に照明はない……。外の星がはっきりと視えることから推察するに、照明がないと思われます。ちょっと薄ぼんやりした感じですね。

ああ、今、ちょっと待ってください。今、何か視えましたね。うーん……、うーん……、どれだ？　どっちだ？　この横か。

ええっと、今ちょっと、後ろに向こうとしているところなので、少し待ってくださいね。今、私のほうを向いていた者が、体を右にひねろうとしていて、その側面が視えてこようとしています。

斎藤　はい。

大川隆法　横から後ろのほうが視えてこようとしています。体を回転させて、外のほうを見るスタイルでしょうか。そちらのほうに向こうとしています。

今、後頭部が視えているのですが、うーん、ちょっと不思議な感じです。これは肉体ではないだろうと思うのですが、宇宙服としてはやや変な感じがします。何と言いますか、例えば、ゆで卵があるでしょう？

斎藤　はい。

大川隆法　ゆで卵は、外側が白身《しろみ》で、なかが黄身《きみ》になっていますが、その黄身の外側の、固まったタンパク質の白身のところに小さな包丁《ほうちょう》を上手に入れて、ギザギザをつくったような感じでしょうか。

なかの黄身に当たる上の部分がボコッと出ていて、後頭部の真ん中あたりのところは、ギザギザに切った感じになっているのです。

黄身に当たる部分が出ていますが、これは頭のてっぺんなのでしょうか。

斎藤　ツルンとした感じ……。

大川隆法　ええ、そうです。外側は、いわゆる宇宙服のようになっているのではなくて、固まってギザギザに切られた卵の白身のような感じになっています。

斎藤　ああ、固まったタンパク質の白身……。

大川隆法　後ろ側がそのように視えます。これが、肉体なのか着ているものなのかは、まだはっきりとは分かりません。

斎藤　スーツなのかどうか、ということですね。

大川隆法　ただ、人間がポコッと被《かぶ》るような、ヘルメット状の宇宙服ではないですね。

次に視《み》えたのは、ある昆虫《こんちゅう》に似た生き物

斎藤　これが何のために来たのか、分かりますでしょうか。

大川隆法　そうですね。何か訊《き》いてほしいことがありましたら、話してみますが。

斎藤　はい。三年ほど前に、Aさんのマンションに来られたことが、Aさんの心に強い影響《えいきょう》を与《あた》えています。

この方たちは、メッセージか何かがあってお越《こ》しになったのか、それとも、生体実験なのか、観察なのか、監視《かんし》なのか、あるいは、すでに宇宙的に何らかの契約《けいやく》が

できていて、この方の魂《たましい》の宇宙に関係する部分の影響があるのか。いったい、そこにどのような状況が発生していたのか、ヒントとなるものがあれば、お教えいただきたいと思います。

大川隆法　はい。今、もう一つ違《ちが》うものが視《み》えてきたので……。

斎藤　（笑）違うものですか。

大川隆法　すみません。先ほど視えていたものは、窓際《まどぎわ》に立っていた者です。それとは別に、おそらく、この乗り物だろうと思うのですが、運転席のほうが視えてきました。運転席のところに座《すわ》っている者がいます。

こちらは、地球の生き物で言うと、カマキリにいちばん似た形状をしています。

斎藤　カマキリですか。

大川隆法　ただ、カマキリよりはるかに大きいですね。

斎藤　カマキリ型のスタイルをしておられるんですね。

大川隆法　ええ。形状的には、カマキリにいちばん似ているような気がします。確かに、目と頭が、やや草色のような色をしていて、触角《しょっかく》が出ていて、口のあたりが段々にもなって……。ああ、仮面ライダーのような口でしょうか。ああいった感じで、また、手らしきものもあります。でも、指がはっきりとあるわけではなくて、先が尖《とが》っていますね。あとは、上のほうにいくと、鎌《かま》ではないけれども、ギザギザのようなものが少しついている感じです。

おそらく、手の先でボタンを押《お》すだけで操作ができるのだと思われます。

そういった、カマキリ型に見えるような者が運転席に座っていますね。

斎藤　うーん。

大川隆法　ですから、先ほど視た者とは違う者ですね。これが運転席に座っていま
す。

吉川　脚《あし》はあるのですか。

大川隆法　脚、脚は……、カマキリ……。

（約五秒間の沈黙）

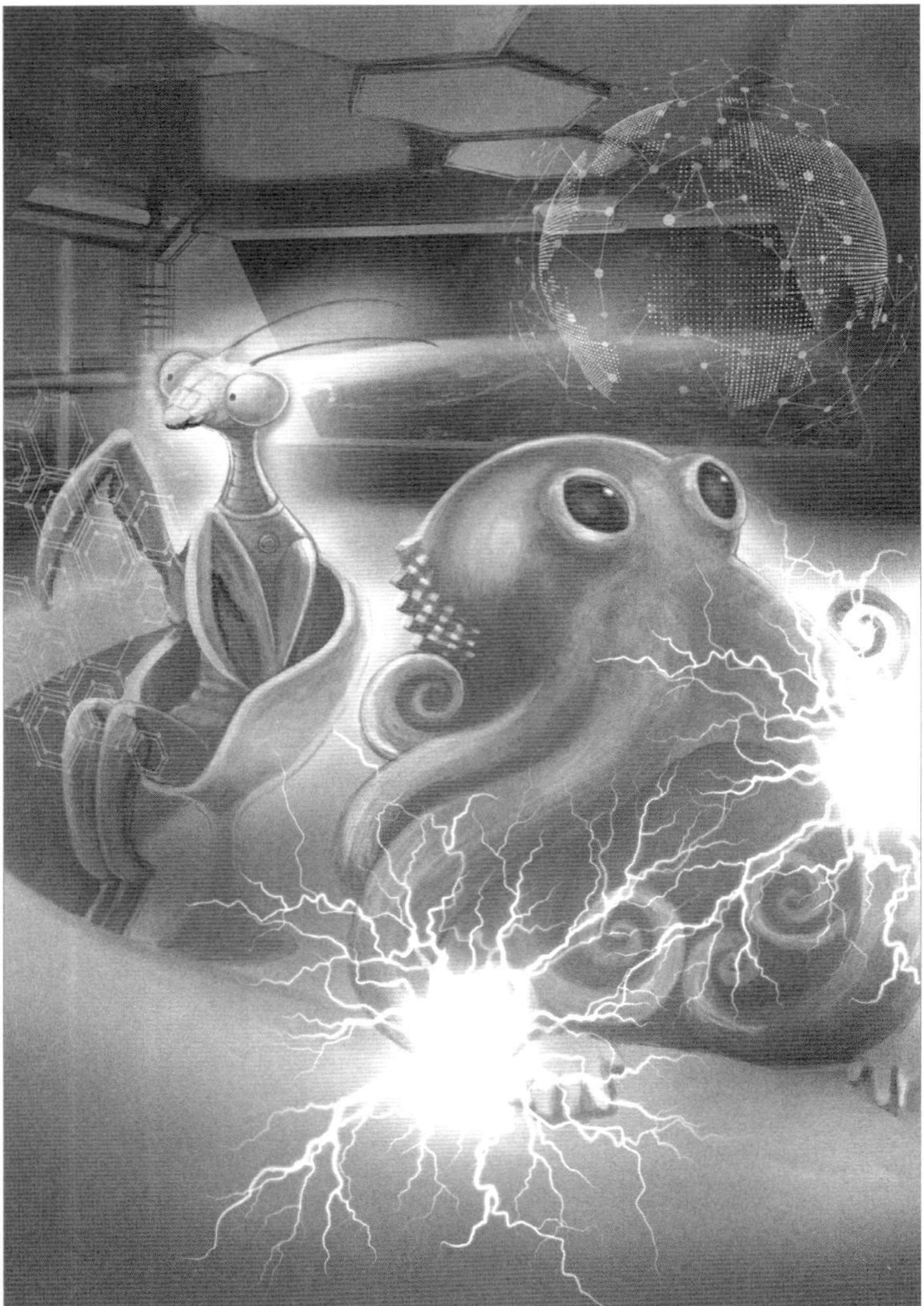

リーディングで視えてきた、放電現象を起こすタコのような生き物と、運転席に座るカマキリのような生き物。

脚は二本あるようですね。ええ。二本あるように視えます。ただ、よく視ると、脚も膝《ひざ》から下の部分は、後ろ側が昆虫《こんちゅう》のカマキリにも似て、何かギザギザしたものが出ているようには視えますね。

対象者と宇宙人との関係を探《さぐ》る

斎藤　このカマキリ型、もしくはタコ型の形状の生命体に、悪意はあるのでしょうか。もしくは、友好的な気持ちなのでしょうか。そのあたりの波長《はちょう》といいますか、心のあり方のようなものは感じられますでしょうか。

大川隆法　どうでしょうか。あなたがたは、どのような感情を持っているのでしょうか。教えてください。

（約十秒間の沈黙）

「Aさんはわれわれの仲間だ」と言っています。

斎藤　「Aさんはわれわれの仲間だ」と？

大川隆法　ええ。「仲間だ」と言っています。「仲間で、幸福の科学に潜入《せんにゅう》している者である」と。

斎藤　「幸福の科学に潜入している者である」と（苦笑）。そのメッセージには、どういう意味合いがあるのでしょうか。

大川隆法　うーん……。「幸福の科学はまだ甘《あま》いんだ。レプタリアンの侵略《しんりゃく》、あと、プレアデスとベガあたりが主導権を持って、地球の神様みたいになっている感じの

●レプタリアン　爬虫類《はちゅうるい》的性質を持つ宇宙人の総称。「力」や「強さ」を重視し、一般に攻撃性、侵略性が強い。外見は、爬虫類型のほか、肉食獣型や水棲人型、人間に近い姿の種族も存在すると考えられる。地球に移住し、「進化」を担う使命を持った「信仰レプタリアン」も存在する。『ザ・コンタクト』（幸福の科学出版刊）等参照。

世界観で走っているが、考えが甘くて、まだまだ、私たちの活躍《かつやく》を十分には理解していない」といったことを言っていますね。

吉川　どこの星の方々なんでしょうか。

大川隆法　（両掌《てのひら》を対象者にかざしながら）どこの星からお出《い》でになったんでしょうか。

（約二十秒間の沈黙）

「やぎ座」と言っているような感じなんですよね。

斎藤　やぎ座ですか。ほお……。

●プレアデス　「昴《すばる》」とも呼ばれる、おうし座にある散開星団《さんかいせいだん》。プレアデス星団には、「美」と「愛」と「調和」を重んじ、欧米人に近い体格を持つ人類型宇宙人が住んでいる。「魔法」や「ヒーリングパワー」が使える。『ザ・コンタクト』（前掲）等参照。

●ベガ　琴座《ことざ》にある一等星。ベガ星系に住む宇宙人は、相手に合わせて外見を自由に変えることができ、性別は男性、女性、中性が存在する。「高度な科学技術」と「ヒーリングパワー」を持つ。『ザ・コンタクト』（前掲）等参照。

大川隆法　今までは……、ヤギ型の宇宙人でしたっけ？　やぎ座から来るのは、何だったでしょうか？

斎藤　ヤギ型宇宙人はほかの星におります。

大川隆法　そういうのが多いですか。「やぎ座」と言っているように思うのですが、「ほかのものもいるんだ」という言い方ですかね。

「電気エネルギーがすべての秘密の鍵《かぎ》である」

斎藤　科学が非常に発達していて、タコのような宇宙人は自分の〝足〟から放電現象を起こしつつ、エネルギーを調整しているようにも見えますが、そういう特殊《とくしゅ》能力をお持ちなんですか。「エネルギーを自由自在に操《あやつ》る」とか……。

●ヤギ型宇宙人　一般に、人間に近い姿をしているが、顔などがヤギに似ており、二本の角を持つ。これまでの宇宙人リーディングでは、ケンタウルス座や白鳥《はくちょう》座、ぎょしゃ座などから来た者が確認されており、宇宙言語に精通した者や文化人兼 政治家、外交官など、さまざまな仕事を持っている。

大川隆法　「電気エネルギーというのが、実は、すべての秘密の鍵《かぎ》なんだ」と言っています。

斎藤　「電気エネルギーがすべての秘密の鍵である」とは、どういうことでしょうか。

大川隆法　「要するに、宇宙を航行するに当たっては、『物質』と『エネルギー』との変換《へんかん》をしていかなければいけないのだけれども、その際に、電気型エネルギーっていうのが、変換の媒介《ばいかい》にすべてなっているんだ。

電気は地球上にもすでに存在はしているが、地球人は、電気の持つ霊的な意味合いを十分には理解していない。物質は、電気エネルギーに変換されて、多次元宇宙空間のしかるべきところにつながって、そこでもう一度、物質化することができるのだけれども、そのへんの原理を、地球人はまだよく分かってはいないように思われる。

あなたがたは、宇宙人が現れるときや、いわゆる幽霊《ゆうれい》とかの現象が起きるとき、電気系統にいろいろと変則的事態が起きるということを聞き知ってはいるとは思う。しかし、それがなぜ起きるかを解明できないでいるだろう。

この世的な物質、物体等が、三次元を超《こ》えた世界に移動し、別のところに姿を現す過程のときに、必ず電気現象が起きることになっておるんだ。

地上に生命体が生まれた理由の一つは、原始の地球に厚い雲が垂れ込《こ》めていて、そこからの放電現象、つまり雷《かみなり》だけれども、数多くの雷現象がずっと続いておったの

落雷（放電現象）

だ」。

斎藤　原始の海で？

大川隆法　「原始の海の上に厚い雲が垂れ込めて、この雲から、海のほうに向かって放電が数多く行われていった。実は、この放電現象が生命を生み出すもとになっているんだ」とのことです。

斎藤　「放電現象が、生命の誕生の鍵だった」というのですね。

大川隆法　「そう。海に生命体が生まれたもとは放電現象にある。確かに、放電現象自体は雲のなかで起きるものではあるのだけれども、実は、その放電現象のところには、異次元世界や他の惑星《わくせい》にもつながるルートがあるんだ。

だから、異次元からの生命移動も、放電現象と連携《れんけい》しているものなのだ」というようなことを言っています。

「実は、放電現象等は、霊的世界の解明とか、生命の誕生とか、霊魂《れいこん》の存在とか、全部にかかわっているので、将来、あの世を探究するに当たっては、ここのところが鍵になる」とのことです。

斎藤　つまり、霊的な、目に見えないものだけではなくて、地上にある電気エネルギーの深い意味が見いだせれば、物質と霊とをつなぐ鍵になるということですか。

大川隆法　「『旧約聖書《きゅうやくせいしょ》』では、神が〝粘土《ねんど》〟をこねてつくった人間に息を吹《ふ》き込んで、魂を入れたみたいな言い方をされるけれども、別の言い方をすると、電気エネルギーの結果、地上にあるタンパク質的なものが動き始めたと言える。これが、地球産のエネルギー体としての生命の始まりであるんだ。

だから、原始の地球の状況に近いものを再現して、放電をかけていくと、そういう生命現象が現れる可能性があるんだ」というようなことを言っています。

「われわれの外見がタコに似ているとか、カマキリに似ているとか、まあ、あなたがたが批判的に見るのは結構だけれども、形はともあれ、われわれは、あなたがたから見れば、数段優《すぐ》れた、神に当たる存在であると知らなくてはならないのだ。ただ、この姿を直接見ると、目が潰《つぶ》れるとは言わんが、ショックを受けるであろうから、そういうショックが起きないように、人間を気絶させたり、記憶《きおく》を失《な》くさせたり、消したり、いろんなことをするんだ。

彼女が体験した放電現象とか、電気系統の故障とか、いろいろ起きているその間に、実は、われわれは電気的メカニズムのなかで、彼女にいろいろと霊的な接触《せっしょく》を試みている。しかし、彼女の頭で変換されると、それが全部、電気現象にしか感じられないので、その間に何が起きているかを記憶していない。

電気系統が故障したり、直ったりするようなことは認識させても構わないのだが、それ以外の、われわれの仕事については理解もできないし、今のところ理解させる気もないから、記憶は全部、消去されることになっているんだ」

という、まあ、そんな説明というか、言い訳をしていますね。

プレアデスやベガとは異なる未来科学

吉川　Aさんに何か伝えたいことはあるのですか。

大川隆法　（左掌を対象者にかざし、右手を時計回りに回しながら）何か伝えたいことはあるんでしょうか。どうでしょうか。そういう電気系統に出てきても、当会は〝東芝《とうしば》〟ではないし、困るのですけれども……。

（約五秒間の沈黙）

伝えたいことは何ですか。

（約十五秒間の沈黙）

「自分たちの秘密をもう少し探《さぐ》らないと、●ＨＳＵ（ハッピー・サイエンス・ユニバーシティ）の未来産業学部でやっている研究や、これからしなきゃいけない研究の未来は見えない。プレアデスやベガばかり追いかけたって分かりゃしないんだ」ということを言っています。

斎藤　（笑）「プレアデスとベガ以外のところで、価値が生じる」と訴《うった》えたいんですか。

●ＨＳＵ　2015年４月に「現代の松下村塾《しょうかそんじゅく》」として開学した「日本発の本格私学」（創立者・大川隆法）。「人間幸福学部」「経営成功学部」「未来産業学部」「未来創造学部」の４学部からなり、千葉県長生村《ちょうせいむら》と東京都江東区南砂にキャンパスがある。写真は千葉の長生キャンパス。

大川隆法　「そういうテクノロジーのところでは、ほかに、もう少し違うものが入っているんだけれども、まだ解明ができていないと思う。あなたがたは、思想的、観念的なもので、宇宙からのものを理解しようとしすぎている」とのことです。

斎藤　なるほど。「テクノロジーのところのヒントのようなものを、もっと得ろ」ということでしょうか。

大川隆法　そうですね。それが言いたい。

「やっぱり、『なぜか』っていう疑問を持っていかなければいけないでしょうね。小さくても、生命を創造する実験も要《い》れば、エネルギー体としての転送実験も要ると思うので、どうやって異世界とつながっていくかのところを、もっともっとやらなくてはいけない。実は、そういうものは、電気的なものの研究の延長上にあるので、今の物理の法則で分かっているものをもう一段超えたものを、何か見つけ出さないと駄目《だめ》なんだ」と言っていますね。

斎藤　なるほど。

大川隆法　なぜ、〝カマキリ〟とか〝タコ〟に説教されなければいけないのか、私もよくは分からないんですが（笑）。

斎藤　（笑）「心霊現象」という入り方から、いきなり、「宇宙の未来科学」のほうに展開していくという、予期せぬ事態となりました。

大川隆法　彼らは、この人にいったい何をしたかったのでしょうか。

「この世の生命の消滅《しょうめつ》にはあまり関心がない」

大川隆法　（対象者Aに）ご本人から、何か訊きたいことはありませんか。

斎藤　訊いてみたいことは、何かございますか。

対象者A　少し気になっていることがあって、個人相談的なものになってしまうのですが。

大川隆法　いいですよ。

対象者A　私は再婚《さいこん》しているのですが、現在の夫の前の奥様《おくさま》は、突如《とつじょ》、鬱病《うつびょう》のようになったのか、入退院を繰《く》り返していたのですけれども、その後、自殺をしてしまったそうです。そうした不遇《ふぐう》がやってきた原因は何だったのでしょうか。

大川隆法　（両掌を対象者にかざしながら）うーん……。

（約十五秒間の沈黙）

「自分たちは、この世の生命の消滅《しょうめつ》には、それほど関心がない。あなたがたから見れば、自殺とかいうのは大きな問題なんだろうけれども、私たちから見れば、電球が切れたぐらいにしか見えない。だから、そういう話を聞いても、同情する気がまったく起きない。電球が切れたとしか思えない。電球の耐用《たいよう》年数は、製造の品質によって変わるので、早く切れるものもあれば、長くもつものもある。それは、〝フィラメント〟が切れたんだろうね」というような感じの、非常に〝冷徹《れいてつ》な答え〟が（宇宙人から）返ってきます。

斎藤　地球の観念、価値基準とはまったく違う考え方です。

大川隆法　「自殺なんて、そんなの深く考えちゃいけない。電球が切れたんだから、新しい電球に替《か》えるしかないんだ」とのことです。あっさりしていますね。

理系の考えですね、これは。理系宇宙人の……。

斎藤　宇宙人的感覚から言うと、「生と死とは、エネルギーの点滅にすぎない」というようなことらしいですけれども。

大川隆法　「つまらない。そういったことに、あまり情緒《じょうちょ》的に引っ張られるっていうのはバカバカしい」と言っています。

斎藤　（対象者Ａに）地球的価値観とは違いますが、そのようにおっしゃっている
そうです。

最後に視《み》えてきたレプタリアン系の宇宙人

大川隆法　これで十分ですか。まだ何かあれば訊いてみますけれども。

斎藤　一つだけ質問なのですが、「心霊現象リーディング」というなかには、こう
した「宇宙人による未来科学的な現象」と、「霊的な存在による現象、例えば悪想
念の影響による現象」など、さまざまにありますが、両者の〝住み分け〟はどうな
っているのでしょうか。

霊たちの世界と、宇宙人が航行してくるエネルギーの通路とが、かち合ったり、
ぶつかったり、あるいは、「こちらは地球の磁場なんだから、あっちへ行け」など
というような抗争《こうそう》が起きたりはしないのでしょうか。

大川隆法　うーん。

斎藤　スッと分離《ぶんり》して共存しているのか、エネルギー的にぶつかり合ってしまうのか、そのあたりはいかがでしょうか。

霊の世界と宇宙人との住み分けの問題について、ご指導いただければと思います。

大川隆法　（両手を交差させて）うーん……、「いや、われわれはね、外見は、今言ったような〝あれ〟なんですがね……」。

斎藤　それは、宇宙人の言葉ですね？

大川隆法　ええ、宇宙人の言葉になっています。

今、また違うタイプの宇宙人が一つ視《み》えてきました。
頭が平たくて……、何でしょう？　ハッピー・サイエンス・ユニバーシティの入学式で、学長やチェアマンなどが角帽《かくぼう》みたいなものを被っていますよね。

斎藤　はい。

大川隆法　頭はああいった平たい頭です。目は、グレイのような大きな目をしていて、模様を見ると、少しレプタリアン模様に近いようなもので立っていますね。ああ、これは、レプタリアン系のような……。なぜ帽子を被っているんだろう？　なぜか分かりませんが、頭がやや平たい格好のものが、今、出てきていて、何か解説を加えようとしています。

（約五秒間の沈黙）

●**グレイ**　宇宙人のタイプの一つであり、多数の目撃報告がある。身長は１メートル20センチぐらいと小柄で細身。頭部は巨大で、黒曜石《こくようせき》のような色をした大きな目を持つ。なお、グレイは、「サイボーグの一種」であることが明らかになっている（『グレイの正体に迫る』〔幸福の科学出版刊〕参照）。

えっと、「おまえたちは、食糧《しょくりょう》として、タンパク質である肉とか魚とか、あるいは野菜とか、そんなものを食べて生きているつもりでいるけれども、全宇宙的に見ると、本当は、魂の糧《かて》になるものは、いわゆるアニマ（魂、霊魂《れいこん》）といわれているものだ。魚とか動物とか植物とかを生かし、動かしている生命エネルギーのところ、これを取り込むことによって、自分のエネルギーに替えていく。

要するに、ガソリンスタンドから、車にガソリンを移すようにね。車がガス欠になってきたら、ほかのところからガソリンを入れないと動かないのと同じで、アニマを摂取《せっしゅ》しないと、活動エネルギーが低減していって動かなくなってくるんだ。

そういう意味で、おまえたちのレプタリアンの定義には、ちょっと間違いがある。単なる肉食をしているようにしか言っていないけど、それは間違いだ。宇宙の普遍《ふへん》的な食糧自体がアニマなのだ」と言っています。

アニマ（霊魂《れいこん》）を効率よく「摂取《せっしゅ》」する？

斎藤　アニマが食糧なんですか。

大川隆法　「うん。アニマというのは、植物も動物も生かしめている力であり、これが宿れば生きているけれども、これが去れば死体と化して、土に還《かえ》っていく。そういうものです。
　このアニマを摂取《せっしゅ》するには、容《かたち》のなかにアニマが入っているうちに、それを食べなければいけない。アニマが〝抜《ぬ》けたあと〟の相手では、アニマは極《きわ》めて低減している」とのことです。

斎藤　要するに、死体と言ったら変ですけれども……。

大川隆法　「おまえらは、刺身《さしみ》に醤油《しょうゆ》をつけて食べたり、伊勢《いせ》エビも、そんな部分を食べたりしているけれども、そうじゃなくて、やっぱり、動いている伊勢エビを食べるのが、アニマを摂《と》るには、いちばんいいんだ」と言っています。

斎藤　つまり、一言《ひとこと》で言うと、その宇宙人は、「相手が生きている間に食べてしまったほうがいい」と言いたいわけですね？

大川隆法　そうですね。要するに、「不要な人間なんか、食べちゃったほうがいい。アニマとして摂取できる」と。

斎藤　ああ……。死んでしまったものを、焼いたり煮《に》たりしているころには、もうアニマは抜けているということですか。

大川隆法　「動物でも同じで、活《い》け造《づく》りが本物の食べ方で、死んだやつを食べるなんていうのは、本当にカスみたいなものなんだ」と言っています。

斎藤　それは、全宇宙的に「標準」なのですか。

大川隆法　いや、それは知りませんが、この人の宇宙のほうでは、そうなのでしょう。そういうところにつながっている者が来ているようですね。

斎藤　なるほど。「アニマを新鮮《しんせん》なうちに摂り入れること、摂取することで、エネルギーが増幅《ぞうふく》してくる」と。

大川隆法　そう、そう。

「あなたがたは、善悪の考え方で、そういうものを悪だと思っているが、それを改めよ」と言っています。「こちらのほうが神の始原なのだ」という感じに思っている者が、ここへ来て、電気をパチパチやっているんですね。

斎藤　うーん。だいぶ分かってまいりました。

大川隆法　まあ、異論はいろいろあるでしょうけれども、「幸福の科学の宇宙人リーディング等が、やや観念論に傾《かたむ》きすぎている」、「もう少し、科学的かつ、合理的かつ、唯物《ゆいぶつ》的なものも研究しなくてはならない」といったことを言いたいようです。宇宙船が視えた以上、まあ、第一種接近遭遇《そうぐう》、第二種接近……、第四種接近とありますから。おそらく、外まで来て、一時的に接近遭遇で、なかまで入ってきているだろうと思いますね。

要するに、実際は、あなた（対象者A）が住んでいるところまで入ってきたのでしょうが、あなたには電気的な現象の記憶だけしかないと思います。よく、そうい

●接近遭遇　アメリカの天文学者、アレン・ハイネック博士による「UFO現象」の分類のこと。「第一種接近遭遇」は至近距離でのUFO目撃、「第二種」はUFOからの影響、「第三種」はUFOに搭乗する存在との接触を言う。その後、「第四種」であるUFOによる拘束（アブダクション）やそれ以降の遭遇形態も提唱されている。

うかたちで目くらましをするんですよね。
そうしたところに、おつながりのようです。

斎藤　全体像が見えてまいりました。

大川隆法　「差別はするな。こちらも神なんだ」と言っています。

斎藤　それも一つの価値観として、学びにさせていただければと存じます。

大川隆法　まあ、〝仲間〟なんだそうですので、「嫌《きら》わないでほしい」という……。

斎藤　HSUで、そういう生命エネルギーと電気エネルギーの関係や、霊との関係など、さまざまな研究テーマの切り口としても捉《とら》えられると思います。

大川隆法　何だか、（対象者Aの）顔がカマキリに見えてきたような……（笑）。

斎藤　（笑）いやいや。リーディングのなかでは、人間から見れば、彼らには高次元の〝神の力〟に感じるぐらいのものがあると言っておりましたので。

大川隆法　進化しているのかもしれません。

斎藤　はい、分かりました。

終章　心霊《しんれい》現象リーディングで「新しい扉《とびら》」が開《ひら》いた

斎藤　本日、最初のリーディングの方は、高校二年生の夏、夢から覚めたあとに残っていた手形が、いわゆる聖痕《せいこん》のようなものだったと分かりました。

次に、二番目の一九八六年の春ごろに山口さんが見た夢は、過去世《かこぜ》におけるさまざまな体験と、現在にまで続く心境との関係による葛藤《かっとう》のなかで出てきたものでした。

さらに、三番目は、マンションの八階で起きた、さまざまな電気的なポルターガイスト現象の奥《おく》には、実は、宇宙的な秘密があり、異星人からの間接的なメッセージが込《こ》められていたことが明らかになりました。

本当にありがとうございます。

大川隆法　こんなところで、よろしいですか。

斎藤　はい。予期せぬ結果となり、また新しい展開となりました。まことにありがとうございます。

大川隆法　そんなに悪いリーディングの結果ばかりではなくて、「新しい扉《とびら》が開《ひら》いた」ということですよね。

斎藤　本日のリーディングをヒントにして、ますます精進《しょうじん》を重ねてまいります。

大川隆法　はい、ありがとうございました。

斎藤　本日は、「心霊《しんれい》現象リーディング」を賜《たまわ》り、ありがとうございました。

あとがき

民放のテレビなどでは、夏場によく、心霊現象の特集などやっている。世にも不思議な体験をした人は多い。しかし、その再現ドラマを創《つく》って、視聴者を怖《こわ》がらせることはできても、その真相を解明したり、その背景を正確に霊査できる人は皆無《かいむ》といってもよい。

本書では、悪夢、金縛り、ポルターガイストなどと一般には考えられる現象をリーディング（霊査）し、その背景にまで迫ってみた。

私自身、自分になぜこのような神秘能力が授《さず》かっているのかはよくわからない。

ただ、間違った世界観の中に生きている人たちに警鐘《けいしょう》を鳴らす「使命」があることだけは確かだ。迷信家や、霊感商法系の人たちも存在するが、私の他の著書も読んで頂ければ、私が別の種類の存在であることは判《わか》るだろう。

二〇一八年　五月三十日

幸福《こうふく》の科学《かがく》グループ創始者兼総裁《そうししゃけんそうさい》　大川隆法《おおかわりゅうほう》

『心霊現象リーディング』大川隆法著作関連書籍

『ザ・コンタクト』（幸福の科学出版刊）
『神秘現象リーディング』（同右）
『怪奇現象リーディング』（同右）
『宇宙人体験リーディング』（同右）
『恐怖体験リーディング』（同右）
『グレイの正体に迫る』（同右）

※左記は書店では取り扱っておりません。最寄りの精舎・支部・拠点までお問い合わせください。
『大川隆法霊言全集 第32巻 日蓮の霊言③』（宗教法人幸福の科学刊）
『大川隆法霊言全集 第33巻 日蓮の霊言④』（同右）

心霊現象《しんれいげんしょう》リーディング
――徹底解明 見えざる世界からのコンタクト――

2018年6月12日　初版第1刷

著　者　　大《おお》川《かわ》隆《りゅう》法《ほう》

発行所　　幸福の科学出版株式会社
〒107-0052 東京都港区赤坂2丁目10番14号
TEL(03)5573-7700
https://www.irhpress.co.jp/
印刷・製本　株式会社 研文社

落丁・乱丁本はおとりかえいたします

ISBN978-4-8233-0006-6 C0014

大川隆法シリーズ・**最新刊**

人格力

優しさと厳しさのリーダーシップ

月刊「ザ・リバティ」に連載された著者の論稿が書籍化。ビジネス成功論、リーダー論、そして、日本を成長させ、世界のリーダーとなるための「秘術」が書き込まれた一冊。

1,600円

創造的人間の秘密

あなたの無限の可能性を引き出し、AI時代に勝ち残る人材になるための、「創造力」「知的体力」「忍耐力」の磨き方が分かる一冊。

1,600円

守護霊インタビュー トランプ大統領の決意

北朝鮮問題の結末とその先のシナリオ

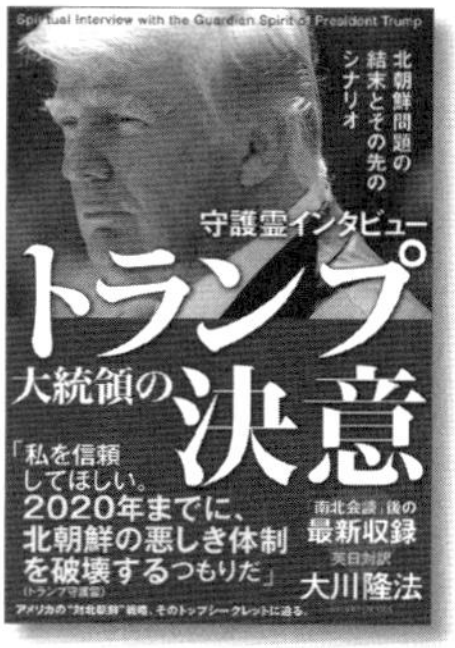

南北会談後の"宥和《ゆうわ》ムード"に騙されてはならない――。来る米朝首脳会談でトランプ大統領は何を目指すのか。今後の対北朝鮮戦略のトップシークレットに迫る。

1,400円

※表示価格は本体価格(税別)です。

大川隆法 ベストセラーズ・リーディングシリーズ

恐怖体験リーディング

徹底解明「異界」からの訪問者たち

被災地で起きた"謎の足跡"現象。小学生が見た"異界の生物"。病室に現われた"巨大な幽霊"。３つのホラー現象に隠された霊的真相を徹底解明。

1,400円

神秘現象リーディング

科学的検証の限界を超えて

「超能力」「学校の妖怪」「金縛り」「異星人とのコンタクト」……。最高の神秘能力者でもある著者が、超常現象や精神世界の謎を徹底解明！

1,400円

怪奇現象リーディング

神秘体験から読み解く
宇宙時代へのシグナル

都心の住宅街で続発する不可解な現象を、現代最高の霊能力者でもある著者がリーディングによって徹底解明！ 宇宙人による地球介入の新事実が明らかに。

1,400円

大川隆法 ベストセラーズ・リーディングシリーズ

宇宙人体験リーディング

「富」「癒し」「幸せ」を運ぶ
宇宙からの訪問者

3人が体験した宇宙人接近遭遇には、友好的な宇宙人たちの存在が——。宇宙時代の扉が開かれつつある今、彼らが伝えたいメッセージとは?

1,400円

「宇宙人によるアブダクション」と「金縛り現象」は本当に同じか

超常現象を否定するＮＨＫへの〝ご進講〟

「アブダクション」や「金縛り」は現実にある!「タイムスリップ・リーディング」によって明らかになった、7人の超常体験の衝撃の真相とは。

1,500円

病気カルマ・リーディング

難病解明編

「胃ガン」「心と体の性の不一致」「謎の視力低下」「血液のガン」の元にあった「心のクセ」や「過去世の体験」を解明! 健康へのヒントが満載。

1,500円

※表示価格は本体価格(税別)です。

大川隆法 ベストセラーズ・霊的世界と霊能力の真実

真実の霊能者

マスターの条件を考える

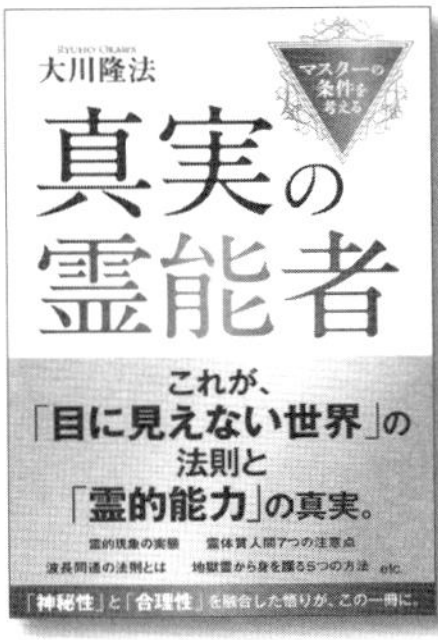

霊能力や宗教現象の「真贋《しんがん》」を見分ける基準はある――。唯物論や不可知論ではなく、「目に見えない世界の法則」を知ることで、真実の人生が始まる。

1,600円

悪魔からの防衛術

「リアル・エクソシズム」入門

現代の「心理学」や「法律学」の奥にある、霊的な「正義」と「悪」の諸相が明らかに。"目に見えない脅威"から、あなたの人生を護る降魔入門。

1,600円

地獄の方程式

こう考えたらあなたも真夏の幽霊

どういう考え方を持っていると、死後、地獄に堕ちてしまうのか。その「心の法則」が明らかに。「知らなかった」では済まされない、霊的世界の真実。

1,500円

さらば
青春、
されど
青春。
努力を重ねた平凡な日々も。
大切な人と過ごした時間も。
ただひとり眠れぬ夜も――。
いつも、"何か"を求めていた。
あなたを信じて、
ほんとうによかった。
製作総指揮・原案／大川隆法
大川宏洋　千眼美子
石橋保　芦川よしみ　日向丈　山田明郷　野久保直樹
長谷川奈央　梅崎快人　伊良子未來　希島凛　ビートきよし　大浦龍宇一　高杉亘　木下ほうか
監督／赤羽博　音楽／水澤有一　製作／幸福の科学出版　製作協力／ニュースター・プロダクション　アリ・プロダクション
制作プロダクション／ジャンゴフィルム　配給／日活　配給協力／東京テアトル　©2018 IRH Press
5月12日(土)より全国の映画館で上映中！
saraba-saredo.jp

幸福の科学グループのご案内

宗教、教育、政治、出版などの活動を通じて、地球的ユートピアの実現を目指しています。

幸福の科学

一九八六年に立宗。信仰の対象は、地球系霊団の最高大霊、主エル・カンターレ。世界百カ国以上の国々に信者を持ち、全人類救済という尊い使命のもと、信者は、「愛」と「悟り」と「ユートピア建設」の教えの実践、伝道に励んでいます。

（二〇一八年六月現在）

愛

幸福の科学の「愛」とは、与える愛です。これは、仏教の慈悲《じひ》や布施《ふせ》の精神と同じことです。信者は、仏法真理をお伝えすることを通して、多くの方に幸福な人生を送っていただくための活動に励んでいます。

悟り

「悟り」とは、自らが仏の子であることを知るということです。教学《きょうがく》や精神統一によって心を磨き、智慧《ちえ》を得て悩みを解決すると共に、天使・菩薩《ぼさつ》の境地を目指し、より多くの人を救える力を身につけていきます。

ユートピア建設

私たち人間は、地上に理想世界を建設するという尊い使命を持って生まれてきています。社会の悪を押しとどめ、善を推し進めるために、信者はさまざまな活動に積極的に参加しています。

国内外の世界で貧困や災害、心の病で苦しんでいる人々に対しては、現地メンバーや支援団体と連携して、物心両面にわたり、あらゆる手段で手を差し伸べています。

年間約３万人の自殺者を減らすため、全国各地で街頭キャンペーンを展開しています。

公式サイト **www.withyou-hs.net**

ヘレン・ケラーを理想として活動する、ハンディキャップを持つ方とボランティアの会です。視聴覚障害者、肢体不自由な方々に仏法真理を学んでいただくための、さまざまなサポートをしています。

公式サイト **www.helen-hs.net**

入会のご案内

幸福の科学では、大川隆法総裁が説く仏法真理《ぶっぽうしんり》をもとに、「どうすれば幸福になれるのか、また、他の人を幸福にできるのか」を学び、実践しています。

入 会

仏法真理を学んでみたい方へ

大川隆法総裁の教えを信じ、学ぼうとする方なら、どなたでも入会できます。入会された方には、『入会版「正心法語」』が授与されます。

ネット入会 入会ご希望の方はネットからも入会できます。
happy-science.jp/joinus

三帰《さんき》誓願《せいがん》

信仰をさらに深めたい方へ

仏弟子としてさらに信仰を深めたい方は、仏《ぶっ》・法《ぽう》・僧《そう》の三宝《さんぼう》への帰依を誓う「三帰誓願式」を受けることができます。三帰誓願者には、『仏説・正心法語《しょうしんほうご》』『祈願文《きがんもん》①』『祈願文②』『エル・カンターレへの祈り』が授与されます。

幸福の科学 サービスセンター
TEL 03-5793-1727 （受付時間／火〜金：10〜20時 土・日祝：10〜18時）

幸福の科学 公式サイト
happy-science.jp

ハッピー・サイエンス・ユニバーシティ
Happy Science University

ハッピー・サイエンス・ユニバーシティとは

ハッピー・サイエンス・ユニバーシティ（HSU）は、大川隆法総裁が設立された
「現代の松下村塾」であり、「日本発の本格私学」です。
建学の精神として「幸福の探究と新文明の創造」を掲げ、
チャレンジ精神にあふれ、新時代を切り拓く人材の輩出を目指します。

人間幸福学部　経営成功学部　未来産業学部

HSU長生キャンパス TEL **0475-32-7770**
〒299-4325　千葉県長生郡長生村一松丙 4427-1

未来創造学部

HSU未来創造・東京キャンパス
TEL **03-3699-7707**
〒136-0076　東京都江東区南砂2-6-5

学校法人 幸福の科学学園

学校法人　幸福の科学学園は、幸福の科学の教育理念のもとにつくられた教育機関です。人間にとって最も大切な宗教教育の導入を通じて精神性を高めながら、ユートピア建設に貢献する人材輩出を目指しています。

幸福の科学学園

中学校・高等学校（那須本校）
2010年4月開校・栃木県那須郡（男女共学・全寮制）
TEL **0287-75-7777** 公式サイト **happy-science.ac.jp**

関西中学校・高等学校（関西校）
2013年4月開校・滋賀県大津市（男女共学・寮及び通学）
TEL **077-573-7774** 公式サイト **kansai.happy-science.ac.jp**

仏法真理塾「サクセスNo.1」

全国に本校・拠点・支部校を展開する、幸福の科学による信仰教育の機関です。小学生・中学生・高校生を対象に、信仰教育・徳育にウエイトを置きつつ、将来、社会人として活躍するための学力養成にも力を注いでいます。

TEL 03-5750-0747（東京本校）

エンゼルプランV　TEL 03-5750-0757

幼少時からの心の教育を大切にして、信仰をベースにした幼児教育を行っています。

不登校児支援スクール「ネバー・マインド」　TEL 03-5750-1741

心の面からのアプローチを重視して、不登校の子供たちを支援しています。

ユー・アー・エンゼル！（あなたは天使！）運動

一般社団法人 ユー・アー・エンゼル　TEL 03-6426-7797

障害児の不安や悩みに取り組み、ご両親を励まし、勇気づける、
障害児支援のボランティア運動を展開しています。

NPO活動支援

いじめから子供を守ろうネットワーク

学校からのいじめ追放を目指し、さまざまな社会提言をしています。また、各地でのシンポジウムや学校への啓発ポスター掲示等に取り組む一般財団法人「いじめから子供を守ろうネットワーク」を支援しています。

公式サイト mamoro.org　ブログ blog.mamoro.org

相談窓口 TEL.03-5719-2170

百歳まで生きる会

「百歳まで生きる会」は、生涯現役人生を掲げ、友達づくり、生きがいづくりをめざしている幸福の科学のシニア信者の集まりです。

シニア・プラン21

生涯反省で人生を再生・新生し、希望に満ちた生涯現役人生を生きる仏法真理道場です。定期的に開催される研修には、年齢を問わず、多くの方が参加しています。全国146カ所、海外17カ所で開校中。

【東京校】TEL 03-6384-0778　FAX 03-6384-0779
メール senior-plan@kofuku-no-kagaku.or.jp

幸福実現党

内憂外患《ないゆうがいかん》の国難に立ち向かうべく、2009年5月に幸福実現党を立党しました。創立者である大川隆法党総裁の精神的指導のもと、宗教だけでは解決できない問題に取り組み、幸福を具体化するための力になっています。

幸福実現党 釈量子サイト **shaku-ryoko.net**
Twitter **釈量子@shakuryokoで検索**

党の機関紙
「幸福実現NEWS」

幸福実現党 党員募集中

あなたも幸福を実現する政治に参画しませんか。

◯ 幸福実現党の理念と綱領、政策に賛同する18歳以上の方なら、どなたでも参加いただけます。
◯ 党費:正党員(年額5千円[学生 年額2千円])、特別党員(年額10万円以上)、家族党員(年額2千円)
◯ 党員資格は党費を入金された日から1年間です。
◯ 正党員、特別党員の皆様には機関紙「幸福実現NEWS(党員版)」が送付されます。

＊申込書は、下記、幸福実現党公式サイトでダウンロードできます。
住所:〒107-0052 東京都港区赤坂2-10-8 6階 幸福実現党本部
TEL **03-6441-0754** FAX **03-6441-0764**
公式サイト **hr-party.jp** 若者向け政治サイト **truthyouth.jp**

出版 メディア 芸能文化　幸福の科学グループ

幸福の科学出版

大川隆法総裁の仏法真理の書を中心に、ビジネス、自己啓発、小説など、さまざまなジャンルの書籍・雑誌を出版しています。他にも、映画事業、文学・学術発展のための振興事業、テレビ・ラジオ番組の提供など、幸福の科学文化を広げる事業を行っています。

アー・ユー・ハッピー？
are-you-happy.com

ザ・リバティ
the-liberty.com

幸福の科学出版
TEL **03-5573-7700**
公式サイト **irhpress.co.jp**

THE FACT
ザ・ファクト
マスコミが報道しない「事実」を世界に伝えるネット・オピニオン番組

ザ・ファクト　検索

NEW STAR PRODUCTION

ニュースター・プロダクション

「新時代の"美しさ"」を創造する芸能プロダクションです。2016年3月に映画「天使に"アイム・ファイン"」を、2017年5月には映画「君のまなざし」を公開しています。公式サイト **newstarpro.co.jp**

ARI Production

ARI《アリ》 Production《プロダクション》

タレント一人ひとりの個性や魅力を引き出し、「新時代を創造するエンターテインメント」をコンセプトに、世の中に精神的価値のある作品を提供していく芸能プロダクションです。公式サイト **aripro.co.jp**

大川隆法　講演会のご案内

大川隆法総裁の講演会が全国各地で開催されています。講演のなかでは、毎回、「世界教師」としての立場から、幸福な人生を生きるための心の教えをはじめ、世界各地で起きている宗教対立、紛争、国際政治や経済といった時事問題に対する指針など、日本と世界がさらなる繁栄の未来を実現するための道筋が示されています。

2017年8月2日 東京ドーム「人類の選択」

2017年5月14日 ロームシアター京都
「永遠なるものを求めて」

2017年4月23日 高知県立県民体育館
「人生を深く生きる」

2018年2月3日 都城市総合文化ホール(宮崎県)
「情熱の高め方」

2017年12月7日 幕張メッセ(千葉県)「愛を広げる力」

講演会には、どなたでもご参加いただけます。
最新の講演会の開催情報はこちらへ。⟹

大川隆法総裁公式サイト
https://ryuho-okawa.org